... und

eine(r/ei)

Verwandschaft ...

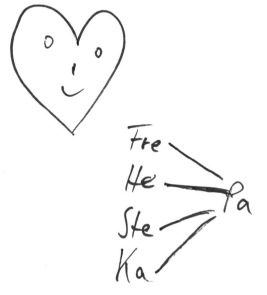

Siebenerlei Leut'

www.bvd.de

Bibliografische Information der Deutschen Bibliothek
Die Deutsche Bibliothek verzeichnet diese Publikation in der
Deutschen Nationalbibliografie; detaillierte bibliografische Daten
sind im Internet über http://dnb.ddb.de abrufbar.

© 2014 by Biberacher Verlagsdruckerei GmbH & Co. KG

Herstellung und Verlag:
Biberacher Verlagsdruckerei GmbH & Co. KG,
88400 Biberach, Leipzigstraße 26

1. Auflage · ISBN 978-3-943391-60-2

Bodo Rudolf

Siebenerlei Leut'

Skurrile Geschichten und Satiren

Mit Karikaturen von
German Frank

Für die Leseratten Pascal und Vincent

Bodo Rudolf (Text)
Bodo Rudolf arbeitete jahrzehntelang als Ingenieur im Ausland, in Frankreich, im Irak, in Iran und Syrien, in Abu Dhabi, auf Sumatra und an anderen fernen Orten. Heute lebt er in Wäsch bei Wolfegg im Allgäu, schreibt skurrile Geschichten, Schnurren, Gedichte und Reiseerzählungen. Bodo Rudolf ist verheiratet, hat eine Tochter und zwei Enkel.

German Frank (Karikaturen)
German Frank war als Sonderpädagoge am Sprachheilzentrum Ravensburg tätig und als Co-Autor und Zeichner von Sprachtherapiematerialien; daneben Illustrationen für den Verlag d&d Medien, Ravensburg. Er lebt seit 1972 in Ravensburg, hat zwei Töchter und neun Enkel. Und er findet dennoch Zeit für lustige Illustrationen zu den verschiedensten Anlässen.

Inhalt

An einen schwäbischen Kartoffelsalat gehören keine Zwiebeln

———

Kennen Sie den Gasthof „Zum Goldenen Kreuz" in Ilmensee? Hervorragende Küche, mittags und abends. Sehr zu empfehlen nach einer Wanderung auf den Höchsten oder um den See herum. Sollten Sie einkehren, erwähnen Sie bitte nicht, dass Sie mit mir befreundet sind. Sie werden gleich erfahren, warum.

Das „Kreuz" verfügt über einen Festsaal für alle Stationen des Lebens, die fröhlichen, die feierlichen und die traurigen – Fasnet und Hochzeit, Taufe und Erstkommunion, silberne Hochzeit, goldene und diamantene, und zu guter Letzt versammelt man sich hier zum Leichenschmaus, freilich dann erstmals ohne den Beteiligten. In der „Kreuz"-Küche kommandiert die Wirtin selbst, die Martha, eine entfernte Verwandte. Ihr eingemachtes Kalbfleisch ist legendär, das Rezept wurde schon im Gemeindeblättle veröffentlicht.

Vor zwei Wochen waren meine Frau Antonie und ich zur goldenen Hochzeit von Tante Thekla und Onkel Anton eingeladen – Kirche, dann im „Kreuz" Begrüßungsschluck, Mittagessen, später sollte es Kaffee und Kuchen geben, hausgemachten, und für die, die es bis dahin durchhalten würden, Vesper um fünf.

Nach dem Gottesdienst standen wir mit einem Glas Champagner in der Hand im Saal herum und schoben uns nach und nach in Richtung Thekla und Anton zum Gratulieren und Anstoßen. Champagner, Veuve Cliquot – koi Bläderleswasser –, Schapo.

„Trinket it so viel", sagte ich zu den Niederers vor mir, „das Ceozwei aus den Champagnerbläsla ist Hauptverursacher des Klimawandels."

„Lass die Politisiererei", flüsterte meine Frau.

Alle waren gekommen, die Lieben, die Liebsten und die Allerliebsten, die genannten Niederers von Nonnenhorn, die Ziergiebels von Fischbach, die Weingärtler, Baienfurtler, das halbe Zocklerland und die Buchauer aus dem Moor. Der Pfarrer Merkle, ein Verwandter meiner Frau, hatte die Messe in St. Katharina gelesen. Nachdem jeder seinen Platz gefunden hatte, ging's hoch her, bei Verwandtentreffen gibt's ja viel zu erzählen; im Saal herrschte ein Stimmengewirr und ein Lärm zum dollohrig werden. Antonie und ich brüllten auf die Roseliese ein, die saß uns schräg gegenüber, und die hört ja nichts. Es war so laut, als wäre der halbe Saal voller Roselieseles. Wie's halt so ist: Die Leute reden laut, lauter, am lautesten, wenn keiner mehr was versteht, ist schlagartig Ruhe, dann geht's von vorne los.

Der Liederkranz brachte ein Lied zu Gehör, wie der Dirigent sich ausdrückte, der Pfarrer ergriff das Wort, und dann sprach der Rolf als Vertreter des Bürgermeisters. Der Rolf sitzt seit – heute sagt man: gefühlten – hundert Jahren im Gemeinderat. Er hat sich in St. Katharina vom Kerzenträger zum Oberministranten hochgearbeitet und ist von dort, das Weihrauchfässle schwingend, direkt in den Gemeinderat rüber. Seine Festrede brauche ich hier nicht zur Gänze wiederzugeben, schauen Sie einfach ins Handbuch für „Meisterliche Reden für Bürgermeister und Kommunalpolitiker", Kapitel „Goldene Hochzeiten".

„Meine lieben goldigen Jubilare, Reden ist Silber", fing er an. Dann sprach er von der Ehe als einem goldenen Kreuz, das man gemeinsam durchs Leben tragen müsse. Der Weihrauch stieg uns in die Nase, wie vom Botafumeiro in Santiago de Compostela. Ich gebe zu, der Vergleich ist von arg weit her geholt.

Zum Glück hatte ich da mein erstes Weizenbier zur Blutdrucksenkung schon intus.

Wir erfuhren vom Rolf, was alle Anwesenden seit Jahrzehnten wussten: Der Jubilar stammt hier vom Ort, die Thekla ist aus Stuttgart, also von weit weg.

„Des Stuagat ist halt scho ghörig abgläga", sagte der Rolf. Es wurde tatsächlich gelacht, wenn auch verhalten.

Während der Rede kam die schwäbische Hochzeitssuppe – Brätknödel, Eierstich und Flädla –, nach Suppe und Rede gemischter Braten mit Kartoffelsalat und dazu gießkannenweise Soße.

Die Antonie saß links neben mir, rechts der Dietmar von Moosburg, das ist kein alter Adel, der kommt von dort. Der Dietmar stopfte sich den Mund voll mit Kartoffelsalat – mit dem Löffel, wegen der Soße –, der hat vielleicht Manieren.

Uns direkt gegenüber saßen der Wilfried und seine Frau Gertrud. Der Wilfried ist einer der Vettern meiner Frau aus der evangelischen Linie. Mit dem schwätzte ich halt, dass halt gschwätzt war – unter anderem über die Mordsstrecke, die der Anton vor über fünfzig Jahren mit seiner Kreidler Florett bis nach Stuttgart hat kurven müssen. Über die Schwäbische Alb, im Winter. Ich habe dann ein Spässle gemacht: Ich sei keine hundertsechzig Kilometer gefahren, um meine Braut zu pussieren, sondern nur quer über die Straße gelaufen.

Der Wilfried erwiderte sinngemäß, er habe sich der Schinderei und den Gefahren einer Straßenüberquerung nicht ausgesetzt, er sei auf derselben Straßenseite fündig geworden. Unter uns: Sie ist auch danach.

Die Gertrud hatte ihm zugehört: „So ein Lahmarsch ist der blieba, bloß keinen Schritt zu viel."

„Also Trudl, des war doch a Spässle", sagte der Wilfried.

Wenn ich a Spässle mit meiner Frau mache, und sie ist grad ungnädig, sprich grätig, und ich versöhnlich sage: „Also Antonie, loos mal, des war etz a Spässle!", dann sagt sie immer: „Deine Spässla kenne ich!"

Der Wilfried erzählte von seinem Hausbau in Winterazhofen, wir vom Umbau unseres Pfründnerhäusles, und so war's eigentlich ganz gemütlich – wenn bloß der Dietmar nicht so grausig geschmatzt hätte.

Nach geschätzten zwei – gefühlten vier – Viertele stand der Onkel Gereon auf. Damit hatte man rechnen müssen.

„Liebste Thekla, lieber Anton, eine Überraschung: ein goldenes Hochzeitsgedicht, extra für euch verfasst!"

Der Gereon ist unser Familiendichter, der Goethe von Röthenbronn – oder Götte, wer will. Sein dichterisches Wirken werde ich bei späterer Gelegenheit gebührend würdigen. Nach gut zwei Dutzend Versen habe ich gedacht, aber nur inwendig und ganz leise: „Wer schlägt den tot?"

Die Frage hatte sich nach 20 Minuten erledigt, der Gereon kam zum Epilog:

„Liebe Thekla und Anton,
nun seit fünfzig Jahren schon
sitzet ihr auf dem Balkon
in des Lebens Abendrot
und vespert euer Abendbrot."

Beifall, Bravo, Zugabe – auch das noch!

Nach der Zugabe war es still, jeder suchte nach dem verlorenen Gesprächsfaden. Der Dietmar lud sich nochmals Kartoffelsalat auf und setzte den Teller unter Soße, bis die

Kartoffelrädla herauslugten wie die Halligen bei Springflut. Ein ums andere Mal schmatzte er: „Des isch en Subber-Grumbirasalat, dia Martha macht halt en Subber-Grumbirasalat, und ersch dia Soß, die isch subber."

Mir lief die Soße über – bildlich gesprochen –, ich musste an die frische Luft und stand auf. Alle verdrehten den Kopf und schauten herüber. Ich habe bei früheren Familienfesten halt auch immer was gesagt, da konnte ich jetzt schlecht hinausgehen, ohne was zu sagen, geschweige denn zu sagen: Ich sage heut nichts. Gottlob fiel mir noch was Rechtes ein: „Ich möchte vorschlagen, wir stoßen auf die Köchin an."

Jemand rief in die Küche: „Martha komm, du bisch dran!"

Sie kam an unseren Tisch.

„Martha", sagte ich, „ich will mal sagen, Martha, ein großartiges Essen, Martha, du bist eine Spitzenköchin."

„Begnadet", unterbrach mich der Pfarrer Merkle. Beifall.

„Martha: Ein Hoch auf die Küche. Vor allem, der Kartoffelsalat. Das ist ein schwäbischer Drei-Sterne-Kartoffelsalat alter Schule."

Wieder: „Bravo". Die Martha wurde rot wie Träublesgsälz. Wo die Stimmung so bombig war, dachte ich mir, machsch a Spässle: „Martha, du machsch halt den Kartoffelsalat, exakt wie sich's ghört – ohne Zwiebla. An einen rechten schwäbischen Kartoffelsalat gehören eben keine Zwiebeln."

Augenblicklich trat Stille ein, kein Schmatzen, die Leute mussten wohl erst mal schlucken. Gegen den Sturm der Entrüstung, der danach einsetzte, war der Sturm auf die Bastille ein Nonnenfürzle.

Die Trudl rief: „Ja gohts no, hot der was trunka?"

Die Leute hatten offensichtlich mein Spässle nicht verstanden.

„Etz looset doch mole", rief ich, „des war a Spässle." Und nochmal: „Das war ein Spässle!"

Die Roseliese hatte nur Kartoffelsalat verstanden und sagte: „Also i mach den Salat mit Nudlawasser an."

Die Martha riss die Schürze vors Gesicht, der Wirt, der Walter, schrie von der Theke rüber: „Koine Zwiebla, koine Zwiebla – und des mei Frau!"

Den Walter kannte ich zwar, sollte ihn aber erst im Verlauf des Handgemenges so richtig kennenlernen. Er ist gelernter Metzger.

Ich rief: "Heidenai, des war doch bloß a Witzle."

Die Martha heulte hinter der Kittelschurz vor: „Über so was macht man keine Witzla!"

Die Antonie riss mich am Jackett zurück auf den Stuhl. „Was schwätzsch etz au du für einen Bäpp?"

Ich sagte, des sei doch a Spässle gewesen.

„Deine Spässla kenne ich!"

„Da krieg ich so einen Hals – keine Zwiebeln", das war wieder der Wirt, „ ja was bildet sich dieser Herglaufene…"

Der Rest des Satzes ging im Lärm unter.

„Da krieg ich so einen Hals", rief er nochmal und stürzte von der Theke zu uns an den Tisch, schob den Wilfried mitsamt dem Stuhl zur Seite, schrie, er wolle mal in aller Ruhe klarstellen, seine Frau beleidigen lasse er nicht, und ob ich vielleicht meine, seine Frau wisse nicht, wie man einen Grumbirasalat macht.

Ich sagte: „Hör mal, Walter…"

„Für Sie bin ich der Herr Wirt, verstanden, für mich sind Sie gestorben."

Dann zog er mich frisch Verstorbenen am Revers halb über den Tisch, das Weizenbier fiel um, dabei muss er mir wohl mit der anderen Hand ins Gesicht gelangt haben, die Brille fiel in die Salatschüssel zu den Hemdknöpfen. Ich bekam sofort Nasenbluten und konnte mich kaum wehren, ich musste ja das Taschentuch auf die Nasenlöcher drücken. Vielleicht stammt daher der Ausdruck „Blutsverwandter"?

Der Wilfried versuchte zu vermitteln: „Wenn du koine Zwiebel magsch, dann iss halt koin schwäbische Kartoffelsalat."

Es ging so eine ganze Weile hin und her, Einzelheiten will ich Ihnen ersparen, der Walter mit seinem geschwollenen Hals war nicht zu beruhigen, die Martha schnäuzte in ihre Küchenschürze, das mag man sich gar nicht vorstellen.

Das Nasenbluten hörte auf, aber schon wegen meines derangierten Aufzugs konnten wir unmöglich bleiben und verzichteten auf Kaffee und Kuchen.

„Komm, mir ganget!", zischte meine Frau. Während des Gezerfes hatte sie kein Wort gesagt. „So eine Schand!"

Ich drängte mich zwischen den Tischreihen in Richtung Ausgang und versuchte, die Sache klarzustellen. Das reinste Spießrutenlaufen. Die Fischbacher sagten, ich hätte das Heiligste mit Füßen getreten; die Buchauer setzten noch eins drauf: „Dir ist, scheint's, nix heilig."

Ich versuchte, den Herrschaften zu erklären, was Ironie heißt, aber diese Fischköpfe und Moorbewohner hörten gar nicht zu. Soll doch die ganze Mischpoke dumm sterben.

Damit war die goldene Hochzeit gegessen.

Vor der Wirtshaustür sagte meine Frau: „Du bisch doch ein Granatedackel – uns und den alten Leutla des schöne Fest so zu versauen."

Der Daimler stand schief im Regen – Plattfuß. Da hatte doch jemand die Zeit gefunden, ein Streichholz ins Ventil zu stecken. Also Wagenheber raus, auf die Knie, aber das war dann schon egal. Das Jackett war sowieso nicht mehr zu retten, das Hemd versaut und die Hose mit den Blut- und Soßenflecken ganz hinüber.

Der Pfarrer Merkle kam hinzu, aber nicht, um zu helfen, sondern um noch das letzte Öl über den ganzen Salat zu gießen. Es sei grob fahrlässig, sagte er von oben herab, Witze über schwäbischen Kartoffelsalat zu reißen, und zitierte aus der Bibel, Jesus Sirach 3,27: „Wer sich in Gefahr begibt, kommt darin um …"

Als ich das Werkzeug in den Kofferraum zurück geworfen hatte, sagte meine Frau: „Du mit deine Spässla, so eine Schand, mit dir rede ich nicht mehr!"

Das waren ihre letzten Worte – an diesem Tag.

Heute kam ein Postkärtle. Lanzarote bekomme ihr gut, schreibt sie – Ruhe, Hotel, Sonne, Strand. Sie hat sich eine Auszeit genommen. So sagt man wohl. Vier Wochen. Immerhin schreibt sie.

Den Pfarrer muss ich übrigens berichtigen, bei allem Respekt. Zu dem Schlamassel mit dem vergrotene Grumbiraspässle passt besser Psalm 34, der da lautet: „Der Gerechte muss viel leiden / doch allem wird der Herr ihn entreißen."

Da warte ich jetzt drauf!

Es gibt ebenso viele Rezepte für einen rechten schwäbischen Kartoffelsalat wie schwäbische Hausfrauen. Immer gehören Zwiebeln an den Salat, undenkbar ohne, aber das wissen Sie ja schon.

Hier das Familienrezept von Elsbeth Rieke aus Ravensburg:

Kartoffelsalat für vier Personen
1 kg festkochende Kartoffeln, 1 kleine gewürfelte Zwiebel, ¼ Liter Fleisch- oder Gemüsebrühe, 2 Teelöffel Stärke, je 3–4 Esslöffel Öl und Weinessig, Salz und frisch gemahlenen Pfeffer.
Kartoffeln kochen, kurz abkühlen lassen, schälen und in dünne Scheiben schneiden, in eine Schüssel füllen und die Zwiebelwürfelchen in die Mitte geben. Brühe mit angerührter Stärke binden und aufkochen lassen. Salz, Pfeffer und Essig dazugeben, verrühren und über die Zwiebeln schütten. Vorsichtig vermischen, dann das Öl nach Bedarf darunterziehen. Der Salat soll lauwarm auf den Tisch kommen.

Die wahre Geschichte des rechten schwäbischen Kartoffelsalates

―――――

Der Urahn des schwäbischen Kartoffelsalates erblickte im 12. Jahrhundert das Licht der gastronomischen Welt in der französischen Hafenstadt Bordeaux. Anlass der Kreation war die Hochzeitsreise von Eleonore, der Herzogin von Aquitanien, und ihres Angetrauten, Henri Plantagenet, Graf von Anjou, dem späteren König Henry II von England. Eleonore war kurz zuvor von König Ludwig VII von Frankreich geschieden worden und brachte als Mitgift halb Frankreich mit in die zweite Ehe. Sie war eine kluge und weitgereiste Frau, hatte am zweiten Kreuzzug ins Heilige Land teilgenommen und so die Küche des Okzidents und des Orients kennen gelernt. Eleonore muss eine blendende Schönheit gewesen sein und ein rechter Teufelsbraten. Das Paar hatte am 18. Mai 1152 im Dom zu Poitiers geheiratet und stieg bei der Hochzeitsreise im Stadtpalais von Bordeaux ab. Die geschiedene Frau König Ludwig hatte sich vorab von Vier-Sterne-Chefkoch Jérôme Grospierre zum Abendessen Austern aus Arcachon und dazu einen Kartoffelsalat gewünscht – Salade aux pommes de terre, wie die Leute dort sagen. Da war sie ihrer Zeit weit voraus.

Die Kühnheit, einer gewesenen französischen Majestät und werdenden Königin von England das Gelüst auf ein verfrühtes Kartoffelgericht auszureden, hatte Jérôme Grospierre nicht.

Die Kartoffeln waren zwar umgehend bestellt worden, konnten aber nicht termingerecht geliefert werden, weil sich die Entdeckung Amerikas unbillig in die Länge zog. Als beim Betläuten von der Kathedrale Saint-André immer noch keine Karavelle mit der Ladung Kartoffeln in Sicht war, warf Jérôme Grospierre seine vier Sterne in die Grüne Tonne und stürzte sich in das Austernmesser, allerdings ohne den angestrebten Schaden zu nehmen. Jeder, der sich schon einmal in selbstmörderischer Absicht in ein Austernmesser gestürzt hat, weiß um die Vergeblichkeit dieses Tuns. Grospierre disponierte um und griff sich ein Tranchiermesser. Claire Petitjean, die Souschefin, übernahm nach den Reinigungsarbeiten das Regiment in der Küche und hatte sogleich die Königsidee.

„Do könnt mr doch au Trüffla nemma", sagte sie auf Okzitanisch. Die Beschaffung war keine große Sache, Trüffeln gedeihen ganz in der Nachbarschaft von Bordeaux – im Périgord – wie Löwenzahn im Allgäu. Claire Petitjean eilte auf den Markt und wählte eine schwarze, festkochende Trüffel und

komponierte mit ihrer Küchenbrigade den gewünschten Salat
– fein geschnitten, mit Salz, Muskat, Öl, Pfeffer und Essig
und übergoss die Masse mit warmem Eau de nouilles – Nu-
delwasser. Zwiebeln verwendeten die Meisterköche nicht,
Zwiebeln hätten den feinen Trüffelgeschmack versaut!

Wir schreiben den 20. Juni 1152, Heinrich und Eleonore
mit ihrem anspruchsvollen Gaumen waren sehr angetan. Über
Jahrhunderte blieb der feine Salat dem Adel vorbehalten.

340 Jahre später entdeckte Cristobal Columbus Amerika,
aber nicht die Kartoffel, welche erst Ende des 16. Jahrhunderts
über Spanien den Weg nach Preußen fand. Am 24. März 1756
verfügte Friedrich der Große den Kartoffelerlass (siehe da-
selbst), nach dessen Maßgabe der Bauer auch das zu essen
habe, was er nicht kennt. Wegen der unzähligen Landesgren-
zen im damaligen Deutschland dauerte es geraume Zeit, bis
die Kartoffel in Oberschwaben anlangte. Das gastronomische
Potenzial der Grumbire wurde dortselbst in der breiten Bevölkerung anfangs verkannt und so wurde die Kartoffel im
Schwabenland bis zu Beginn des 19. Jahrhunderts zur Verede-
lung an die Schweine verfüttert.

Schauen wir nochmals kurz ins Frankreich der Jahre nach
1789. Dank der französischen Revolution, respektive ihrer
Guillotine, ging die Aristokratie ihrer Köpfe, Paläste, Wein-
keller und Küchen verlustig. Die arbeitslosen Köche eröffne-
ten Restaurants und Garküchen und so kam auch der feine
Trüffelsalat der Claire Petitjean selig unters Volk.

Wir schreiben nun das Jahr 1809 und befinden uns mitten
in den Irren und Wirren der napoleonischen Kriege. Am 20.
April standen bei Abensberg in Bayern die französischen und
alliierten Truppen Napoleons den Österreichern gegenüber.
Das württembergische VIII. Korps mit 12.244 Mann befeh-
ligte General Dominique Vandamme. Während die Schlacht

tobte, traten zwei Jäger des II. Fußjäger-Bataillons ihren ganz persönlichen, taktischen Rückzug an und retirierten in westliche Richtung. Bei 12.244 Soldaten fielen zwei die Schlacht schwänzende Fußjäger nicht sonderlich auf. Die beiden, ein Ravensburger namens Benedikt und ein Johann aus Altdorf retirierten so ausdauernd, bis das Donnern der Kanonen und die detonierenden Schrapnells nicht mehr zu hören waren, hingegen die Brandung des Atlantischen Ozeans. Zwei Sommer und Winter irrten und wirrten die Oberschwaben durch den Süden und Westen Frankreichs und kamen eines Tages in die alte Stadt Périgueux. Dort kehrten sie im Gasthof „Chez Claudine" ein. La Patronne Claudine servierte den beiden Versprengten zur Begrüßung die Spezialität des Hauses – Trüffelsalat, fein geschnitten, mit Salz, Muskat, Öl, Pfeffer, Essig und Nudlawasser angemacht.

Sagte der Johann zu Benedikt: „Mensch war des guat!"

Und Benedikt sagte: „Und gnuag. Guck amol, wie de Ranze spannt!"

Da machten sie Quartier chez Claudine und sich nützlich.

Als Johann und Benedikt im April 1814 erfuhren, dass sich Kaiser Napoleon von den Strapazen seiner Kriege auf der Insel Elba erholte, schauten sie der Claudine ein letztes Mal tief in die Augen und in die Töpfe, küssten den kleinen Jean und sein Brüderchen Benoît und machten sich auf den Weg in die Heimat. Mit dem Salat-Rezept im Soldatenränzel wanderten sie über Paris und Straßburg ins Zocklerland. Nach Hasenweiler trennten sich Johanns und Benedikts Wege, ein jeder zog ins Schussental in seine Vaterstadt zu der Mutter in die Küche.

Wieder daheim bei der Mamme schwärmten sie von der Esskultur des Périgord und dem köstlichen Trüffelsalat und bedauerten, dass es im sonst so gesegneten Schwabenlande keine Trüffeln gibt. Da sagten die beiden Mütter wie aus einem Munde: „Da könnte man doch auch Kartoffeln nehmen." Natürlich auf Schwäbisch.

Sie eilten auf den Markt, eine jede auf den ihren, und wählten die festkochende Sorte, schnitten die Kartoffeln in feine Scheiben und machten sie an mit Salz, Muskat, Öl, Pfeffer und Essig. Zwiebeln verwendeten die Mütter nicht, Zwiebeln hätten den feinen Kartoffelgeschmack versaut! Dann übergossen sie die duftende Masse mit Nudlawasser.

Dasselbe geschah zugleich in Ravensburg und in Altdorf beim Glockenschlag zwölf – ein Fingerzeig Gottes – und war die Geburtsstunde des echten, rechten und wahren schwäbischen Kartoffelsalates: 24. Juni 1814, zwölf Uhr mittags.

Bald tauchte das Gerücht auf, in Altdorf sei das Nudlawasser fünf Minütla vor zwölfe geflossen und somit habe die Wiege, oder besser gesagt die Ur-Schüssel des ersten echten, rechten und wahren schwäbischen Kartoffelsalates in Altdorf, heute Weingarten, gestanden. Das konnten die Ravensburger nicht auf sich sitzen lassen und so kam es zu einer mittelschweren, bis heute andauernden Trübung der schwesterstädtischen Zuneigung. Möge es doch den Historikern beider Städte noch vor der 200-Jahr-Feier im Jahre 2014 gelingen, diesen schwärenden Konflikt auszuräumen, sodass Weingarten und Ravensburg, deren Bewohner sich im Grunde ihres Herzens in Liebe verbunden fühlen, eins werden können. Dann wäre auch der Disput um den Kartoffelsalat aus der Schussentäler Welt.

Was meint die Ernährungswissenschaft zu diesem Thema:
Kartoffelsalate mit Zusatzstoffen wie Mayonnaise, Kapern, Äpfeln, Gurken, hart gekochten Eiern, toten Heringen und Teilen hiervon, Quark, Zwiebeln oder sogar Speck, werden in der Fachwelt als Analog-Kartoffelsalate, Kartoffelsalat-Imitate oder Kartoffelsalat-Surrogate bezeichnet. Derlei Kartoffelsalatersatz fällt ernährungsphysiologisch unter die Kategorie „Hunger ist der beste Koch".

Wie die Mucksenburger ein Schloss bauen wollten

Es war einmal eine kleine Stadt hinter den sieben Drumlins, die hieß Mucksenburg. Auf dem achten Drumlin stand inmitten mächtiger Ahornbäume die Burg der Mucksenburger und schaute auf das Städtchen und seine emsigen Bürger hinab.

Über die sieben Drumlins führte ein sagenumwobener Wanderweg. Vom ersten Läuten der Schneeglöckchen bis zum Monat Oktober, wenn der stürmische Herbst die Ahornblätter erröten ließ, zogen Wanderzwerge von St. Weitfurt bergauf und bergab über Bad Abgläga bis auf den Hof der Mucksenburg. Außer Atem vom Aufstieg baten sie die Herbergsmutter um ein Lager für die Nacht, bekamen einen Strohsack für die Schlafkämmerlein, hängten ihr Rucksäckchen an den Nagel und kühlten die müden Füße im Burgbrunnen.

Mit den Zwergen fängt diese Geschichte an. So manche Geschichte fängt klein an und wird am Ende eine große Sache, aber darauf kann man sich nicht verlassen.

Die alte Burg hatte schon bessere Tage gesehen. Das muss nicht verwundern, weil früher ja alles besser war. Der Wind pfiff durch die klappernden Fenster in die Kammern hinein und durch die Mauerritzen wieder hinaus ins Land. In das morsche Dach gluckerte der Regen und floss als Bächlein unter dem lecken Burgtor ins Freie. Zwar blies dann und wann ein himmlischer Föhn über die Drumlins, doch so richtig trocken wurden die Gemäuer nie.

Auf den Zinnen bot sich den Besuchern ein prächtiger Blick über die sieben Drumlins bis hin zu den Goldenen Bergen, und so kamen von Jahr zu Jahr mehr und mehr Zwerge auf die Burg. Auf den Wendeltreppen drängelten die Wanderer, suchten im Durcheinander der Schlafkämmerchen nach ihren Rucksäckchen, Socken und Stiefelchen und schimpften über die Enge. Des Nachts war noch weniger Platz, und in den nasskalten Kämmerlein gab es ein Nahschlupfa auf den Strohsäckchen und ein Nummschlupfa, als raschelten tausend Mäuse im Stroh. Kaum graute der Morgen, hub das Geschimpfe wieder an.

Eines Nachts vernahm die wache Obrigkeit der Stadt das Rascheln und berief eine dringliche Sitzung des Hohen Rates ein.

Im Hohen Rat von Mucksenburg saßen – auf fünf Jahre gewählt – die Obergescheiten und Allerschönsten der Stadt. Die Obergescheiten und Allerschönsten traten alle naslang in der Hohstube des Rathauses zusammen, dann setzten sie sich zum Hohstuben und entschieden zum Wohle der Bürger. Zum Zeichen ihrer Würde trugen die Ratsmuckser bunte Zipfelmützen auf dem Kopf. An der Farbe der Mütze konnte jedermann erkennen, wes Geistes Kind einer war, auch wenn er den Mund nicht auftat.

Man kann ja einen Ratskopf nicht aufschrauben wie ein Glas Essiggurken und nachschauen, was drin ist, oder auch nicht.

Die Obrigkeit eröffnete das Hohstuben, schilderte den Zustand der Burg, die Gefahren für Leib und Seele der Wanderer, und erhob warnend die Stimme: Jeden Tag könne ein

Zwergenaufstand losbrechen, oder es käme zum Schlimmsten und die Zwerge würden wegbleiben.

Der schwarzbemützte Rat ergriff das Wort: „Das Einfachste wär, wir täten des alte Glump abreißen. Die Burg ist verschrumpelt wie ein Boskop an Lichtmess!"

Der gelbe Rat ergänzte: „Agnaget vom Zahn der Zeit! Abbrecha und denn ebbes Rechtes nastella, spare kostet bloß Geld!"

„Und woher kommt das Geld für was Neues?", wandte der Kämmerer ein. „In der Schatztruhe gähnt die Leere! Alles vervespert!"

Von der Besucherbank meldete sich ungefragt der Krämer von Mucksenburg: „Ich sag euch woher das Geld kommt, ihr Schlafmützen! Von den Zwergen gewiss nicht! Allbot kommen prächtig gewandete Leute von den Goldenen Bergen in unsere Stadt geritten mit Satteltaschen voller Geld. Wenn sie die angenagte Zwergenhütte sehen, machen sie auf der Stelle kehrt und rufen: ‚Diesen Hungerleidern dürfen wir unser teures Geld nicht anvertrauen, die wissen ja gar nicht, wie man mit Geld umgeht, sonst wären es ja keine solchen Hungerleider!'"

Wegen der armseligen Burg, sagte der Krämer, ließen die flüchtenden Reiter nichts anderes liegen, als einen Haufen dampfender Rossbollen, grad vor seinem Laden.

„Das Wohl der Stadt erfordert den Bau eines Hotels – mit Sternlein wie am Himmelszelt!"

Der Schwarze fiel dem Krämer ins Wort: „Meine Rede seit Jahren – ein Zehn-Sterne-Hotel!"

„Mit einer Remise für sechsspännige Kutschen!" Das war die gelbe Mütze.

„Ich bin noch nicht fertig!", rief der Krämer. „Haben die reichen Gäste gut geschlafen, dann wollen sie ihr Geld auch ausgeben. Aber wo? Ich sag's euch: Neben das Hotel gehört ein Einkaufspalast, rund um die Uhr geöffnet, 365 Tage und Nächte!"

„366!", ergänzte der Gelbe. „Im Schaltjahr."

„Das spült Geld in die Truhe!", sagte der Krämer. „Aber der Mensch lebt nicht vom Einkauf allein", fuhr er fort. „Neben den Palast bauen wir ein Gipfelrestaurant!"

Der schwarze Rat griff den Vorschlag auf: „Im Hundert-Sterne-Hotel, in der Remise, dem Einkaufpalast und im Restaurant ‚Zur alten Mucksenburg' beschäftigen wir die hergelaufenen Zwerge – Geschirrspülen, Bettenmachen, Kutschenwaschen, was weiß ich! Mit de Henna aufstanda statt Aufstand!"

„Endlich Arbeitsplätze!", begeisterte sich der Rote.

Der Schwarze sprang vom Sessel auf: „Den Sport dürfen wir nicht vergessen! Hinter dem Hotel, der Remise und dem Palast bleibt noch genügend Platz für ein Eisstadion und eine Kegelbahn fürs kräftige Volk!"

„Und wo bleiben Kunst und Kultur, ihr Zipfelmützen?" Unter der grünen Mütze klang es schon reichlich angefressen. „Anspruchsvolle Gäste erwarten eine Kulturmeile! Es kann aber auch gern a bitzele mehr sein!"

Der Rote rief: „Jo it kleckra – klotza!"

„Meine Rede seit Jahren!", sagte der Krämer.

Der Kämmerer ermahnte die Räte: „Liebe Mützen, falls ihr es vergessen habt: Es geht hier nur um die Rettung der baufälligen Zwergenherberge. Für Hotels, Remisen, Einkaufs- und Fresspaläste ist einfach kein Geld da, für Kunsteis, Kegel und meilenweite Kultur schon gar nicht! Wir müssen eisern sparen."

Als die Obrigkeit das Wort „Sparen" hörte, kam ihr der rettende Gedanke: „Ich hab's! Wir fragen unseren König. Der König hat eine Bank, da liegen die Spargroschen all seiner Untertanen herum. Mit den Spargroschen bauen wir das Hotel und den schönen Rest! Sobald die reichen Fremden kommen, zahlen wir unserem König das Geld zurück, am nächsten Tag. Gleich schreibe ich ihm einen Brief, dass er uns viel Geld schicken soll! Und jetzt stimmen wir ab: Wer ist für eine fabelhafte Zukunft?"

Alle Zipfelmützen flogen in die Luft, die Obrigkeit stellte Einmützigkeit fest und beauftragte den Baumuckser, umgehend einen gescheiten Plan für die Bebauung des achten Drumlins vorzulegen – dank der königlichen Bank gleich mit zweiter Kunsteisbahn und einem ebensolchen Museum.

„Groß denken!", ermahnte die gelbe Mütze den Baumuckser, dann setzten die Ratsmuckser ihre Mützen wieder auf und gingen zum Dämmerschoppen in ihre Stammwirtschaften, ein jeder in die seine. Vorher mussten sie aber noch geschwind nach Hause und mit ihrem Grattl Gassi gehen. Jeder Ratsmuckser, der etwas auf sich hielt, hatte seinerzeit einen standesgemäßen Grattl oder gar zwei. Die Grattln warteten schon ungeduldig hinter der Glastür, durften endlich Gassi gehen und dann mit dem Herrchen in die Wirtschaft.

So ging das Leben seinen Gang. Der Zahn der Zeit nagte an der Burg, die Zeit ging zahnlos ins Land, der Baumuckser ging an die Arbeit und die Räte flanierten durch den Park und ließen die Grattln von der Leine. Der Krämer düngte seine Rosen mit den Rossbollen, der Kämmerer wartete auf das Geld von der königlichen Bank und die Wanderzwerge steckten sich wegen des Nagegeräusches Linsen in die Ohren. Eines Morgens flatterte eine rote Fahne auf der Burg, aber das war nur ein Zwergenwams an der Wäscheleine.

Als die Kastanien fielen, machten die Obrigkeit und die Räte ihren Herbstausflug. In diesem Jahr zogen sie mitsamt ihren Grattln über Dettnaus und Donaus durchs Ugrechete in das Land, wo die Löwenzahnmilch fließt, und kamen endlich nach Reichestadt zu Füßen des großen Berges. Als die Ausflügler auf dem Ah-und-Oh-Platz standen, erblickten sie über den Dächern ein märchenhaftes Schloss, riefen Ah und Oh und fragten einen der Bürger, wem denn dieses Traumschloss gehöre.

„Das hat unser Märchenkönig gebaut, aber grad als er fertig war, ist er in den See gefallen und ertrunken", erhielten sie zur Antwort.

Im Gedenken an den traurigen König kämen nun jeden Sommer unzählige Reisende in ihre Stadt und besuchten das Schloss, berichteten die Einheimischen. Sie blickten ins königliche Schlafgemach, ins leere Bett und unters Kanapee. Nach dem Wunderfitz stillten sie Hunger und Durst, spazierten über den Ah-und-Oh-Platz und ließen an allen Ecken und Enden ihr Geld liegen. Allabendlich liefen vertrauenswürdige Leute mit Besen und Schaufeln über den Platz, fegten das Geld aus den Ecken und Enden auf einen Haufen, stopften es in Rupfensäcke und luden die Geldsäcke auf Heuwagen. Das erzählten die reichen Bürger den staunenden Mucksenburgern.

„Auf nach Hause!" Die Obrigkeit ließ sammeln und die Räte schwenkten zum Abschied ihre Mützen. „Wir bauen ein Schloss!"

Am Abend ihrer glücklichen Rückkehr lag ein Klirren und Klingen in der Mucksenburger Luft. Es war aber nicht der nahende Winterfrost, der klirrte, es waren die Weingläser in der Hohstube. Die Ausflügler tranken Wein, aßen Brezeln mit fingerdick Butter und schwärmten von der fabelhaften Zukunft. Sobald das Geld von der Königsbank eintreffe, werde er ums Nummgucka das segensreiche Schloss bauen, sagte der Baumuckser, und dann bräuchten sie nur noch die Geldsäcke einzusammeln und den Heuwagen zu ziehen. Vielleicht würde man hierfür sogar die Zwerge einspannen können, meinte der Schwarze.

„Fehlt aber noch ein toter König", warf der Rotbemützte ein. „Der unsere ist noch putzmunter – leider", ergänzte er hinter vorgehaltenem Weinglas.

Die Räte hatten noch nicht ausgetrunken, da erschien die Dame vom Stadtarchiv mit einem echten Kaiser. Den hatte sie in den Akten gefunden – einen Kaiser, wie er leibte und lebte, mit rotem Bart!

„Und stellt euch vor", schwärmte die Archivarin, „auch der Kaiser ist am Ende seines Lebens ertrunken!"

„Es lebe der rote Kaiser!", dröhnte der Schwarze, dass die Gläser klirrten.

Vom Klirren und Dröhnen geweckt, liefen die Mucksenburger im Nachtgewand zum Rathaus und rüttelten an der Pforte. Weil aber der Schlüssel von innen steckte, drückten sie ihre Nasen und Ohren an den Butzenscheiben platt und erfuhren so, was die geschlossene Gesellschaft im Schilde führte.

„Die Butter daumendick auf die Brezeln schmieren", empörten sich die plattnasigen Bürger, „und dann mit unseren Spargroschen hälinga ein Schloss bauen – die kriegen was auf die Mütze!"

Gottlob hatten die Räte ihre Grattln dabei, sonst hätten die zornigen Bürger gar manchen nachher in der Wirtschaft totgeschlagen, oder ihm nichts mehr zu trinken gegeben.

Ein Sturmwind der Entrüstung blies durchs Rathaus, die Ratsmuckser zogen die Mützen über die Ohren und luden die Bürger zum Hohstuben. Als die Obrigkeit endlich zu Wort kam und erklärte, dass das Schloss eine Überraschung hätte werden sollen, und dass freilich alle Bürger zur Einweihung eingeladen worden wären, zu Wein und Brezeln mit dick Butter drauf, da flaute der Sturm bereits merklich ab.

Der Schwarzbemützte packte die fleißigen Mucksenburger am Portepee: „Derweil ihr am Wuela seid, stracket euer Geld faul auf dera königlichen Bank!"

„Tag und Nacht!", meldete sich der Gelbe. „Jetzt losset halt euer Geld au mol ebbes schaffa!"

Die Obrigkeit erzählte von der mühsamen Reise nach Reichestadt, vom Wohlstand ihrer Bürger und ihrem vielen Geld, das in Mucksenburg an allen Ecken und Enden fehle. Der

Krämer meldete sich und bot an, die Rupfensäcke, den Heuwagen und Leute mit Besen und Schaufeln günstig an die Stadt zu vermieten – nicht einmal mehr selber bücken müssten sich die Mucksenburger.

„Looset", sagte die Obrigkeit, „nemme buckla, bucka lassa!"

Aber noch waren nicht alle Bürger überzeugt.

„Was demmer nochher de ganze Tag?"

„Was braucha mir a Schloss?"

„So a neumodisches!"

„Was denket da d' Leut?"

Jemand rief: „Und wia sieht denn des aus?"

Da hatte der Baumuckser den Königsgedanken: „Meine lieben Mucksenburger, wir stellen zunächst nur ein Modell auf den Drumlin und dann schau mr mal, wie's denn so aussieht, das Schloss. Zwar ist das Geld vom König noch nicht da, aber wenn wir alle gemeinsam mit anpacken und jeder das Seine dazu beisteuert, dann ist das Modell nachgerade umsonst!"

„Ja, wenn's nix koscht!", nickten die Mucksenburger und spendeten schon mal reichlich Applaus.

Noch am selbigen Abend eilte der Kämmerer nach Reichestadt und fragte den dortigen Rat, ob sich die Mucksenburger das Märchenschloss einmal ausleihen könnten, bloß als Modell, damit sie sehen könnten, wie's denn so aussieht. Sie brächten das Schloss gewiss vor dem Frühjahr wieder unbeschädigt zurück. Die Reichestädtler waren einverstanden, im Winter kämen eh nur spärlich Besucher. Als Miete verlangten sie so viele Maß Bier, wie sie in der schlosslosen Zeit trinken könnten.

So sind halt die Reichen, sie können den Hals nicht voll kriegen.

Während also das Bier aus den Zapfhähnen in die Hälse der Reichen floss, zogen die Mucksenburger im Gänsemarsch zur Burg hinauf und stellten sich vom Burghof über Dettnaus und

Donaus durchs Ugrechete in Reih und Glied auf, bis an das Schloss des Wasserkönigs. Derweil sie eine Kette bildeten, fällten die Kräftigsten unter ihnen schon mal die vor der alten Burg im Wege stehenden Ahornbäume.

Hätten nun die Mucksenburger beim Abbrechen des Märchenschlosses oben mit dem Fahnenmast und dem Turm begonnen, dann wäre das Modell ja hernach kopfüber auf dem Drumlin gestanden, mit der Fahne im Dreck. Drum fingen sie mit dem Abriss im Schlosskeller an, packten einen Ziegel nach dem anderen und zogen ihn – schwuppdiwupp – blitzschnell aus der Mauer, bevor die Mauer es merkte. Die Obrigkeit warf selbstverständlich den ersten Stein. Dann aber sausten die Ziegel nur so von Hand zu Hand, über Berge und Täler, durchs Ugrechete und von Donaus über Dettnaus bis auf den freien Platz vor der alten Burg, wo im Schein der Sterne das Schlossmodell schier gar bis in den Himmel wuchs. Als sich die Sonne über den sieben Drumlins erhob, da setzte der letzte Mucksenburger die letzte Zinne auf den Turm.

Am Wochenende war Tag des offenen Schlosstores. Die Bürger strömten in den Hof, stiegen die breiten Schlosstreppen empor bis zu den Zinnen, riefen Ah und Oh, und ihre Blicke schweiften bis zu den Goldenen Bergen. Als sie aber ihre Blicke in die Stadt hinabschweifen ließen, fuhr ihnen der Schrecken in die Glieder, konnten sie doch vom himmelhohen Turm auf alle Balkone, in alle Hinterhöfe, Stuben und Kammern blicken. Das war ihnen jetzt aber gar nicht recht – jeder Fremde würde sehen können, was sie insgeheim so machten, oder auch nicht.

Was tun?

Der Rote meinte, er habe nichts zu verbergen. Wer etwas zu verbergen habe, könne ja die Fensterläden und Vorhänge schließen.

Meinte der Grüne: „Man wird ja dann sehen, wo überall verdunkelt wird!"

Der Gelbbemützte schlug vor, eine Mauer zu bauen vor das Schloss, dann könne niemand mehr in die Kammern gucken.

„Aber dann sieht man das Schloss ja auch nicht mehr!", warf der Grüne ein.

„Da hat er vielleicht nicht ganz so Unrecht", musste die Mehrheit zugeben. Unentschlossen wiegten die Räte ihre Zipfelmützen, guter Rat war teuer und die Truhe war immer noch leer.

Da ertönte ein Trappeln auf dem Schlosshof und der Reiter des Königs stieg vom Pferd – endlich die Spargroschen! Aber der wilde Reiter brachte keine Satteltasche voll guten Geldes, sondern schlechte Nachricht: Nachdem er den Brief der Obrigkeit gelesen hatte, sei der König sofort in den Park zu seiner Bank gegangen, um das Geld der Untertanen zu holen. Aber auf der Bank sei kein Geld mehr gelegen – es müsse über Nacht verschwunden sein. Der ganze Hofstaat habe überall im Park gesucht, faule Ostereier vom Vorjahr habe man gefunden, aber kein Geld – das Geld sei weg, ratzebutz, auf und davon, keiner wisse wohin, auch die königlichen Berater seien ratlos.

Als sie das hörten, brachen die Mucksenburger in Tränen aus. Wir Ärmsten, was soll bloß aus uns werden, jammerten sie ohne Unterlass, das ganze Ersparte ist weg.

Da kam ein Wanderzwerg aus der alten Burg des Wegs, hörte das Wehklagen und fragte: „Was weint ihr denn, dass der Burgbrunnen schier überläuft?"

Schluchzend erzählten sie, was geschehen war und wie sie nun mittellos dastünden. In die Rupfensäcke würden sie sich kleiden müssen, und für die Zwergenherberge seien auch keine Mittel mehr da.

„Papperlapapp!", sagte der Zwerg, „nehmt doch einfach die gefällten Bäume, mit dem Holz baut ihr neue Kämmerchen in den Wehrgang und repariert Türen und Fenster. Wir helfen euch, holen Lehm aus der Grube und schmieren die Mauerritzen zu. Mit einem Sack Zement dichtet ihr das Dach, dann streicht ihr Wände und Mauern – und schon habt ihr die schönste Burg im ganzen Land!"

„Dich hat uns der Himmel geschickt!" jubelten die Mucksenburger und brachten in Windeseile das Modell zurück. Die Schlossvermieter saßen noch immer unter dem Zapfhahn, und als sie das heimgekehrte Schloss erblickten, erließen sie den verarmten Mucksenburgern ihre Bierschuld.

Es gibt halt auch unter den Reichen sottige und sottene.

Wieder zuhause, spuckten die Bürger in die Hände, ein jeder in die seinen, und alle hämmerten und sägten, zimmerten und mauerten und pinselten, dass es eine Freude war – bald erstrahlte die alte Burg in neuem Glanz.

Am Sonntag flatterte eine blau-weiße Fahne auf der Zinne. Ganz Mucksenburg ging in die Kirche und dankte dem Himmel für die Hilfe. Danach hielt die Obrigkeit im Burghof eine Rede, lobte die Weisheit der bunten Ratsmützen und den Gemeinsinn der Bürger. Die Grattln bekamen ein Rädle Wurst und der Baumuckser einen Orden, die Burgküche verteilte Butterbrezeln ohne Butter und aus dem Brunnen floss der Gänsewein. Der Himmel lachte über Mucksenburg, die Bürger und Wanderzwerge saßen noch lange in Glückseligkeit beisammen und freuten sich des einfachen Lebens – nur der Krämer nicht, aber selbst der Himmel kann es nicht allen recht machen.

Butterbrezeln et Circenses – Der Dichterkrieg auf der Mucksenburg

----

Über der kleinen Stadt Mucksenburg hinter den sieben Drumlins erhob sich auf dem achten Drumlin die alte Hausburg des Städtchens. Der Zahn der Zeit hatte schrecklich an ihrem Gemäuer genagt, der Wind pfiff durch Mauerspalten und Fensterritzen, und das Regenwasser tropfte durch Dach und Gewölbe. Die Mucksenburger wollten die Ruine abreißen und auf dem Fundament ein prächtiges Schloss bauen, aber das Geld langte halt vorne nicht und hinten nicht, und oben nicht und unten nicht. Da krempelten die Bürger – der Not, der Obrigkeit und der Vernunft gehorchend – die Ärmel hoch, griffen zu Spaten, Säge, Hammer, Kelle und Pinsel und setzten die baufällige Burg eigenhändig instand – alle packten mit an und mauerten und zimmerten und weißelten. Bald leuchtete die Mucksenburg erneut über den sieben Drumlins, dass jedermann stolz war, ein Mucksenburger zu sein.

„Geschafft!", sagten sie, stellten Bänke und Tische unter die mächtigen Ahornbäume im Burghof und feierten.

Seitdem war so manches Jahr ins Land gegangen und nicht wieder zurückgekommen. Zurückgekehrt aber war der Zahn der Zeit. Angesichts der grundsolide restaurierten Burg machte er sich nunmehr über die historischen, zum großen Teil der Stadt gehörenden Gebäude her, nagte hier und dort, außen und innen, knabberte am Verputz der Wände, raspelte am barocken Stuck der Decken, und wer nächtens Ohren hatte zu hören, dem war, als knusperten tausend Mäuse an tausend Knäckebroten.

So ging das geraume Zeit und bald waren die Bissspuren und Nageschäden nicht mehr zu übersehen. Leise rieselte der Kalk von den Decken der Amtsstuben und puderte die Häupter der Beamten, dass sie einherschritten wie Höflinge Ludwig des Vierzehnten. Besucher verließen das Rathaus mit aschgrauem Putz im Haar als kämen sie vom aschermittwochlichen Bußgottesdienst. Zwar ließen es die Bürger von Mucksenburg nicht an Respekt vor der gottgewollten Obrigkeit fehlen, aber sich frei von Sünden Asche aufs Haupt streuen zu lassen, das ging denn doch zu weit.

Das brave Volk murrte, blieb aber brav.

Eines Morgens zur Frühschoppenzeit fiel ein Mönch vom Dach des ehemaligen Klosters der Franziskanerinnen und zerschellte vor den Schuhspitzen eines Spaziergängers. Spötter setzten das Gerücht in die Mucksenburger Welt, es habe sich bei dem Flaneur um einen Lutherischen gehandelt. Der Zeichner der Zeitung hatte seinen großen Tag. Einem gefallenen Mönch, der einen Wuaschtgläubigen erschlägt – wenn auch nur fast –, konnte ein bibelfester Karikaturist unmöglich widerstehen.

Doch waren all diese Anspielungen ebenso spaßig wie falsch. Jedermann vor und hinter den acht Drumlins weiß, dass gerade den mit protestantischer Arbeitsethik gesegneten Mucksenburgern nichts ferner liegt als morgendlicher Müßiggang. Aber auch die mehrheitsgläubigen Bürger sind um diese Tageszeit keineswegs untätig. Nach des Vormittags Müh und Last kehren sie um Schlag elf in ihren Stammlokalen ein und klären bei einem Achtele Wein noch vor dem Mittagessen die großen Fragen der Menschheit. Kurzum, ein rechtschaffener Mucksenburger, gleich welch religiöser Couleur, konnte um diese Tageszeit schwerlich lustwandelnd auf der Straße anzutreffen sein. Tatsächlich war der knapp dem Tode Entronnene ein Reigschmeckter gewesen.

Ein Mucksenburger traf kurz darauf zur blauen Stunde einen Bekannten auf dem Marienplatz. Er fürchte, sagte er, bei dem galoppierenden Zerfall der städtischen Gebäude werde demnächst tatsächlich ein Bürger von fliegenden Dachziegeln erschlagen. Allerdings, fügte er hinzu, könne man sicher sein, dass es, wie immer im richtigen Leben, den Falschen träfe – „gell, Herr Nachbar!" Der Herr Nachbar hob beide Arme und die Stimme: „Taugenichtse, die am helllichten Vormittag durch die Stadt bummeln, während ordentliche Bürger beim Schaffen oder Gedankenaustausch sind, solche Nichtsnutze trifft es immer zu Recht." Für ihn, sagte er, seien fliegende Mönche ein Menetekel, ein mahnendes Zeichen des Himmels zur Umkehr – „glauben Sie mir, mein Freund".

„Oder Einkehr", sagte der Freund und ging ins „Turmstüble".

Das vormalige Kloster der Franziskanerinnen war ebenfalls in städtischem Besitz und beherbergte das Kehrwochendezernat. Das für Reparaturen zuständige Hochbauamt beauftragte einen Dachdeckermeister, alle Dächer zu begutachten und ein Angebot über die Arbeiten abzugeben. Der Meister warnte eindringlich vor weiteren fallenden Ziegeln, der marode Zustand der mit altehrwürdigen Mönch-Nonnen-Ziegeln gedeckten Dächer lasse bei Föhnsturm Schlimmstes befürchten.

Die Obrigkeit berief den Rat der Stadt ein. Die vier Räte setzten ihre roten, grünen, gelben und schwarzen Ratsmützen auf und versammelten sich im Ratssaal. Das Angebot des Dachdeckers lag auf dem Tisch.

„Der nimmt's von den Lebigen", sagte der mit der roten Mütze.

Niemand widersprach. Diese Einigkeit war ganz ungewöhnlich und nur durch die bedrohliche Situation zu erklären. Üblicherweise schnappte der Schwarzbemützte nach Luft, kaum dass sich der rote Rat zu Wort meldete. Wenn sich der Gelbe äußerte, rief der Rote: „Oh Herr, schmeiß Hirn ra!", wenn der Schwarze nur den Zeigefinger hob, sagte der Gelbbemützte: „Oremus", und wenn der grüne Rat irgendetwas sagte, egal was, spitzten alle anderen die Lippen und machten „pfff".

Einig war man sich ferner darüber, dass eine bürgerschaftliche Sanierung wie bei der Burg angesichts der Vielzahl der angegriffenen Gebäude ausgeschlossen war. Der Kämmerer wurde gerufen und angewiesen, unverzüglich den Auftrag zu erteilen und die Gelder bereitzustellen. Der Kämmerer hüstelte. Die städtische Geldtruhe sei so leer wie Fasnetsküachla, seit Jahren schon, nix als Luft sei da drin, und lud die Räte zur Besichtigung. Das Schloss der Truhe knirschte, knarrend öffnete sich der Deckel, die Ratsmuckser warfen einen Blick ins Innerste und sahen, dass sie nichts sahen, sie erblickten das Nichts, aber atmeten modrigen Geruch.

„Ebbe!", sagte der grüne Rat.

„Eba!", bestätigte der Kämmerer.

Der schwarze Rat griff beherzt in die nachtschwarze Leere und erschrak zu Tode, also schier gar. Urmenschliche Laute drangen aus der Tiefe der Truhe – das Gähnen der Leere. Solches Gähnen hatten die Bürger bereits sommers durch die offenen Fenster des Rathauses vernommen und so naheliegende wie voreilige Schlüsse gezogen.

Der Kämmerer schloss die Truhe und sagte: „Und etzet?"

Als Erster hatte sich der rote Stadtrat wieder gefangen: „Seit wann ist den Verantwortlichen dieser skandalöse Zustand bekannt? Wo sind unsere sauer verdienten Steuergroschen? Weg, vervespert oder was? Vetternwirtschaft, was sage ich Vetternwirtschaft – Onkelwirtschaft, Tantenwirtschaft, Kusinenwirtschaft, Enkelwirtschaft, Schiebung, Bestechung allenthalben."

„Guter Rat ist eben teuer", sagte der mit der grünen Mütze.

Der rote Rat meldete sich erneut zu Wort mit seinem sattsam bekannten Vorschlag einer Grattlsteuer. Der Schwarze schnappte erwartungsgemäß nach Luft. Der gelbe Rat bestätigte die in der Tat zunehmende Zahl von Grattln, und zweifellos könne die flächendeckende Erhebung einer Grattlsteuer zu erklecklichen städtischen Einnahmen führen, er verwies dann aber auf die bevorstehenden Wahlen zum Mucksenburger Stadtrat. Damit war der Vorschlag vom Tisch.

Die Obrigkeit schlug vor, zur Lösung des akuten Geldmangels im Archiv nachzufragen und erklärte sogleich, warum: „Es gibt nichts Neues unter der Sonne, liebe Mützen. Jedes erdenkliche Problem ist schon einmal irgendwann und irgendwo in der Menschheitsgeschichte aufgetaucht und muss wohl auch gelöst worden sein, sonst bestünde es ja noch heute. Ganz sicher auch die Frage leerer kommunaler Kassen. Und die Antworten hierauf liegen alle im Archiv, aufgeschrieben, gelocht und abgelegt. Das Archiv weiß alles. Man muss nur wissen, in welchem Schrank, in welcher Schachtel oder Schublade zu suchen ist."

Die Archivarin erreichte der obrigkeitliche Forschungsauftrag beim Verzehr eines Mucksenweckens mit Leberkäs. Kaum ein Stündchen später platzte sie in den Ratssaal, wo der Rat angesichts der Dringlichkeit ohne Unterlass tagte, und rief in die Runde: „Ich hab's – Wartburg!"

„Geht es auch etwas genauer?", fragte die Obrigkeit.

„Wartburg, der Sängerkrieg. Auf der Wartburg bei Eisenach wurde vor einigen Jahren der 800. Jahrestag des Sängerkrieges begangen. Das Fest lockte Abertausende von Besuchern an, die ihr Geld auf den Burghügel trugen und ausgaben. Der Kämmerer musste das Geld lediglich wieder ins Tal hinabschleppen. Eisenach wurde steinreich. Wie wär's also mit einem Sängerkrieg auf der Mucksenburg?"

„Nie wieder Krieg", rief der Rote. Auch der Grüne meinte, Sängerkrieg klinge wohl doch etwas zu martialisch. Die Archivarin wurde beauftragt, Recherchen anzustellen, was es denn mit dem überlieferten Kriegstreiben auf sich gehabt habe. Die vier Mützen und die Obrigkeit wollten gerade aufbrechen, da erschien sie erneut im Ratssaal mit spinnwebenverschleiertem Gesicht und einem schweinsledernen Folianten unter dem Arm.

„Bitte hören Sie, meine Herren."

Gespannt wie Regendächla lauschten Obrigkeit und Ratsherren. Die Brüder Grimm, trug die Dame vor, schrieben in der Einleitung zu den Deutschen Sagen: *„Auf der Wartburg bei Eisenach kamen im Jahr 1206 sechs tugendhafte und vernünftige Männer mit Gesang zusammen…"*

Bei „tugendhafte und vernünftige Männer", gluckste die Archivarin.

„Bitte?", sagte die Obrigkeit.

„Verzeihung", sagte sie und begann erneut: *„Auf der Wartburg bei Eisenach kamen im Jahr 1206 sechs tugendhafte und vernünftige Männer mit Gesang zusammen und dichteten die Lieder, welche man hernach nennte: den Krieg zu der Wartburg. … Die Meister hatten aber untereinander bedungen, wer im Streit des Singens unterliege, der solle des Haupts verfallen, und … der Henker mußte mit dem Strick daneben stehen, daß er ihn alsbald aufhängte."*

„Sechs tugendhafte und vernünftige Männer", sagte der grüne Rat, „wir sind ja nur zu viert, wo kriegen wir die zwei anderen her?", und, zur Obrigkeit geneigt: „Des war a Witzle!"

„Aufhängen geht leider gar nicht", sagte der Gelbe. „Schade", setzte er nach, „früher sind die Leute in Massen auf die Galgenhalde geströmt zum Gaffen. Da hätte man abkassieren können."

Statt aufzuhängen, sagte der schwarze Rat, könne man den Verlierer ja vierteilen, er wolle sagen „viertela", und lachte sich schier krumm ob seines Einfalls.

Die Obrigkeit bat um mehr Ernsthaftigkeit. „Liebe Räte, mit dem Gedanken, ein großes Volksfest zu veranstalten, gehe ich schon seit Jahren schwanger, wenn mir dieser Ausdruck erlaubt ist. ,Sängerfest auf der Mucksenburg', das lockt viel Volkes an und spült Geld in die Truhe!"

„K, K, K – Kunst, Kultur, Kasse!", rief der Gelbe.

Der grüne Ratsherr sprang auf und rief: „Butterbrezeln et Circenses!" Er hatte das humanistische Gymnasium besucht.

Im Grundsatz war sich der Hohe Rat einig, man gratulierte sich zur Lösung des Finanzproblems und beschloss auf Anraten der Roten die Einsetzung einer Sängerfestkommission, der die Planung, Leitung und Verantwortung für das Fest obliegen würde.

„D'Arbet halt", sagte der Rote.

„Ehrenamtlich", so die gelbe Meinung.

„Für Gotteslohn". Das kam von der schwarzen Mütze.

Nach erschöpfender Beratung fasste der Hohe Rat in seiner Weisheit folgende Beschlüsse: Festtermin immer letzter Montag vor den Sommerferien. Ein Familienfest solle es werden, schulfrei, stand im Sitzungsprotokoll, ein Heimatmusikfest mit Elementen aus Fasnet, Fasching, Karneval, Veteranentreffen, Kirmes, Fahnenweihe, Floh- und Wochenmarkt – unter besonderer Berücksichtigung der legitimen Interessen des Einzelhandels, wie der Gelbbemützte vermerken ließ. Genehmigt wurden ferner je ein verkaufsoffener Sonntag vor und nach dem Ereignis und dazwischen erweiterte Öffnungszeiten aller Geschäfte – 24 Stunden bei Tag und bei der Nacht. Später wurde festgestellt, dass man auch eine langjährige Forderung des gelben Rates beschlossen hatte, nämlich den Christkindlesmarkt bereits im Juni zu eröffnen. Ferner war man sich einig, an den Stadttoren gegen Festplaketten Eintritt zu erheben. Die Krämer der Stadt würden eingeladen, Verkaufsstände, Grill- und Getränkebuden entlang der Burgmauer aufzubauen. Unters Publikum sollten sich eigens engagierte Gaukler, Feuerschlucker und allerlei kostümiertes Volk mischen, schlug der Gelbe noch vor.

Dem widersprach der schwarze Rat: „Kostet bloß Geld, Possenreißer haben wir doch selber genug. Ich nenne keine Namen."

„Und was ist mit dem Gesang?", meldete sich die Archivarin.

„Jesses", riefen die Räte einstimmig. Da hätte man doch schier gar die Kunst vergessen. Man einigte sich auf folgende

Vorgaben: Gesangswettbewerb im Sinne eines abgerüsteten Wartburger Sängerkrieges. Vorausscheidungen im ganzen Lande. Nur Selbstgedichtetes dürfe vorgetragen werden, im Übrigen verstehe es sich von selbst, dass durch die Beiträge niemandes religiöses und sittliches oder sonstiges Empfinden verletzt werden dürfe.

„Lieder der Hohen Minne", schwärmte die Archivdame, schaute verträumt an die lädierte Stuckdecke und errötete. Die Obrigkeit mahnte: „Keine Diskriminierung, bitte – auch Lieder der einfachen, mittleren, gehobenen und der höheren Minne."

Begrüßt wurde der rote Vorschlag, den Sieger durch das Publikum bestimmen zu lassen, per Akklamation. „Des möget d'Leut, wenn se mitschwätza dürfet."

Schon halb im Stehen meldete sich der Grüne und sagte, er wolle nur noch kurz festhalten, dass im Sinne der noch zu erarbeitenden Sängerfestsatzung unter Sänger wohl auch Sängerinnen zu verstehen seien. Es war spät geworden, die erschöpften Herren sagten „ja, ja", und gingen in den „Goldenen Ochsen".

Nach dem dritten Viertele und dem vierten Prosit auf die Retter Mucksenburgs erhob sich der schwarze Rat und stimmte das Eröffnungslied aus dem „Sängerkrieg der Heidehasen" an: „In dem Reich der Heidehasen …". Der grüne pfiff danach solo die Ouvertüre zu Tannhäuser, und der gelbe referierte über Poetry Slam in Mucksenbörg. Von so gebildeten, über den Tellerrand hinausblickenden und aufgeweckten Leuten regiert, kann sich das Volk gut schlafen legen. Und das taten denn auch die Räte, aber vorher mussten sie noch mit ihren steuerfreien Gratteln um den Stock. In ihren Träumen klingelten die Kassen.

Die kühnsten Träume erfüllten sich denn auch, freilich nicht über Nacht.

Die Zeitung schilderte das Vorhaben in ihrer überregionalen Ausgabe und forderte alle zu Höherem Berufenen, Begnadeten und Begabten zur Teilnahme auf. Beim Schriftführer der Sängerfestkommission hatten sich bald mehr als dreihundert Poeten und Sangeskundige zu den Vorauswahlen gemeldet, die in den Wirtshaussälen der Grünen Bäume, Weißen Schwanen, Roten und Goldenen Ochsen in St. Weitfurt, in Donaus und Dettnaus, in Röthenbronn, in Bad Abgläga, in Reichestadt und selbstredend auch in Mucksenburg selber ausgetragen wurden. Die Jury bestimmte schlussendlich vier Kandidaten für das festliche Finale.

Bald hingen auch Plakate an Bäumen und Laternenmasten und luden zum historischen Umzug durch die Altstadt und den Vergnügungen auf dem Festplatz. Höhepunkt 15.00 Uhr – Großer Sängerwettstreit – Heinrich von Röthenbronn, Ulrich von Dettnaus, Humbert von St. Weitfurt und Brian Mc-Wash aus Bad Abgläga.

Der Montag vor den Sommerferien war gekommen. Die Böllerschützen legten Feuer an die Lunten – achtfach dröhnte das Echo von den Drumlins zurück. Die auswärtigen Besucher drängten durch die Tore der Stadt und zwängten sich mit den Einheimischen durch die budengesäumten Gassen und strebten zu den Biergärten und Weinzelten auf dem Rummelplatz. Gelüste auf Mucksenwecken mit Schiebling, Durst und Wunderfitz öffneten allenboten die Börsen und allenthalben und allerenden ließen die Leute ihr Geld liegen. Zwei Böllerschüsse dröhnten von den Zinnen der Burg und verkündeten den baldigen Beginn des Sängerwettstreites. Männer, Frauen und Kinder keuchten durch Wolken von Bratwurstduft den Pfad hinauf zur Burg. Im Burghof standen dicht an dicht Bierbänke und Biertische, schnell waren die vorderen Plätze belegt. Ein Herold stand am Geländer der hölzernen Tribüne und rief aus Leibeskräften: „Hochverehrte Gäste, es ist Platz für jedermann. Fünf Ärsche passen auf eine Bank!"

Die Obrigkeit und die vier Ratsmützen lachten pflichtschuldigst und rückten auf der Ehrenbank zusammen: Die

Grattln unter der Bank heulten auf, als drei Böllerschüsse über die Drumlins hallten.

Als Erster stieg Heinrich von Röthenbronn mit seiner Fiedel auf die Bühne, bekleidet mit langärmligem wollenen Kittel und blauen Beinlingen, und spannte den Streichbogen. Die blauen Strumpfhosen erregten einiges Aufsehen. Der Herold wandte sich erneut an die Menge: „Wir begrüßen den ersten Künstler – Minnesänger Heinrich von Röthenbronn ...“

Unter den Schießscharten in der Südmauer erhob sich ohrenbetäubender Lärm aus Tröten, Trillerpfeifen und Bravo-Rufen, Das waren hörbar die Röthenbronner Schlachtenbummler: „Zoigs ene, Done“. Der Minnesänger Heinrich heißt eigentlich Anton, also Done. Die Röthenbronner trommelten mit den Krügen auf die Tische, das kalte Bier schwappte auf die Tischplatten und plätscherte auf Hosen und Beinlinge. Es wurde urgemütlich. Der Herold schob den Anton-Heinrich nach vorne und ergänzte: „... mit seinem Lied ‚Die Blutlinde‘“.

Das Geschrei, Trommeln und Tröten ebbte ab, die Fiedel ertönte und Heinrich erhob seine Stimme: „Ich sitze unterm Lindenbaum ...“, da rief jemand: „Ahorn!“ Das wurde an den hinteren Tischen falsch verstanden und mit Gelächter beantwortet. In einem Burghof herrschen nicht zwangsläufig höfische Sitten. Nun Heinrichs Lied:

„Ich sitze unterm Lindenbaum,
im Arm die junge Linde –
träum des Lebens schönsten Traum
mit meinem Lindenkinde.

‚Komm‘, sagt die Linde, „Liebster, schnitz
in den Baum ein Herze!‘
Da greif ich zu dem Messer spitz –
und fühle jäh den Schmerze.

Vom Finger tropft das Blut so rot
aus dem Schnitt der Wunde –
ach Lindenbaum, es naht der Tod,
so süß wie Lindes Munde.

Mein letzter Wunsch: Ein Kuss der Maid,
doch trotzt sie meinen Bitten:
‚Nein, mein Liebster, tut mir leid,
da hast du dich geschnitten!' "

Die Fiedel verstummte, Heinrich ließ den Streichbogen fallen, griff sich an die Brust, knickte mitsamt der Fiedel zur Seite und schlug mit einem dumpfen Poltern auf die Bühnenbretter. Unter den Schießscharten brauste der Beifall auf: „Bravo, Done!"

„Der Done isch halt a Käpsele!", war zu vernehmen.

Das macht ihm in der Tat keiner nach. In tragischen Rollen ist der Done der Star des Röthenbronner Theaters – unerreicht sein Abgang als röchelnder und nach links sterbender Held. Das Röcheln ging bei dieser Gelegenheit allerdings im Beifall unter.

Ulrich der Boschenjäger aus Dettnaus betrat nun in grünem Loden die Szene, ein Schifferklavier vor dem mächtigen Bauch – nicht ganz waidmännisch, das Instrument, aber es kann ja einer schlecht Jagdhorn blasen und zugleich singen.

„Hören Sie nun ‚Des Schürzenjägers Aufstieg und Fall'", verkündete der Herold. „Waidmannsheil" rief einer aus der Menge und von der westlichen Mauer erklang wie aus einem Munde das Lied: „Ein Jäger aus Kurpfalz, der reitet durch den grünen Wald …", bei „Juja, Juja, gar lustig ist die Jägerei" stimmte der ganze Burghof mit ein: „… allhier auf grüner Heid". Die gutgelaunte Menge spendete sich selbst Beifall, Ulrich konnte in die Akkordeontasten greifen und mit seinem Vortrag beginnen:

„Der Schürzenjäger geht auf Pirsch,
doch nicht auf Adler, nicht auf Hirsch –
er jagt die Kittelschürze.
,Komm Jägersmann', hat sie gesagt,
,ins Kämmerlein zur wilden Jagd!
Steig ein bei den Geranien –
mein Mann ist grad in Spanien
und kehrt zurück in Kürze.'

Der Jäger klimmt die Wand hinan
und kommt auch bald am Fenster an,
wo seine Träume blüh'n.
Er naht sich dem Geranientopf,
da geht ein Schuss ihm durch den Kopf!
Der Mann weilt nicht in Spanien,
das warn auch nicht Geranien,
das war nur Suppengrün.

Mit Sellerie und Dill gewürzt
der Jäger in die Tiefe stürzt.
Im Kräuterbeet – dem bunten –,
da liegt er nun im kühlen Grund,
hat endlich Zeit für Pflanzenkund.
Statt seine Kittelschürze
beschaut er Küchenwürze –
und überdies von unten!"

Der Applaus war um keinen Deut schwächer als der für den
Minnesänger Heinrich.

Dem toten Jäger folgte Humbert aus St. Weitfurt mit der
Trommel. Der Dichter war nur notdürftig in Ziegenfell gehüllt,
das hätte zu denken geben können. Sein Werk „Unter dem
Baum der Erkenntnis" werde er bibelgetreu und in Mucksen-
burger Hochsprache vortragen, hatte er vor dem Auftritt der
Zeitungsreporterin erklärt. Das Mucksenburgisch der Region

sei die Sprache des Paradieses, ergo die Ursprache der Menschheit, die Nane aller Sprachen. Die Zeitungsdame sagte: „Hoi?",
was so viel heißt wie „Was Sie nicht sagen!"

Humbert erklomm das Podest und schlug die Trommel –
„Rumm, bumm, rumbedibumm".

„Wo Euphrat in den Tigris fließt,
da lag das Paradies.
Ein Mensch, der wo die Bibel liest,
der ist sich dess gewieß.

Es lebten einst im Paradies
Frau Eva mit Gespons.
Do gibt es Leut, dia glaubet dies,
und wieder andre lons.

Mir blicken nun in d'Bibel nai,
sofern mir oine hent,
in Moses eins, Kapitel drei,
im Alten Testament."
„Rumm, bumm, rumbedibumm"
Unter dem Dröhnen der Trommel ließ Humbert die Zie-
genhaut fallen und stand im Adamskostüm vor der Menge –
bibelgetreu –, die Stimmung stieg. Das Publikum war
hingerissen. Nachdem der Herold Sitte und Anstand wieder
hergestellt hatte und das Kreischen, Johlen und Pfeifen abge-
klungen war, fuhr Humbert fort:

„Herr Adam blickt zum Epfelbaum,
es war ein Cox Orangsch.
‚En Epfel, Eva, wär mein Traum,
guck, ob de oin verlangsch!'

Frau Eva sagt: ‚Etz gib a Ruah,
i suach grad nach der Schlang.
Könnscht au mol ebbes selber dua,
no wird der Tag it lang.'

Herr Adam in dem Schatten hockt
und wartet, ob noch heut,
der Epfel sich von selber brockt
und auf sein Riebel keit.

Die Schlange spricht, dia Eva loost
und kaut am Epfelbutz.
Gott ärgert sich und ruft erbost:
‚Ihr seid zu garnix nutz!‘

Die Eva fragt, warum denn dies,
den so verzürna ka.
Der Butz sei von der Streuobstwies
und sei von ihrem Ma.

Zu Adam spricht der liebe Gott:
‚Du warst der Herr im Haus
und hosch bloß gschlafa, sapperlott!
Jetzt aber nix wia naus!‘

Die Eva hot a Krumms und Grads:
‚Des, Ma, verzeih dr nia,
mit Ausnahme des Efeublatts
hon i nix azuzia.‘

So fing das ganze Elend an,
verlorn ward Gottes Huld,
und seit der Zeit bist du als Mann
an gar an allem schuld.“

„Rumm, bumm, rumbedibumm“, tosender Beifall, nur ver-
einzelte Pfiffe – Frauen können halt nicht durch die Finger
pfeifen –, dafür gab's eindeutig männliche Zwischenrufe:
„So isches“, „äba“, „endlich die Wahrheit“, „hosch ghört
Mamme?“

Humbert war kaum das Bühnentreppchen hinuntergeklettert, da stürmte ein Mönch auf die Bühne, die braune Kutte mit einem Strick gegürtet.

„Schande über dich", rief er dem Humbert nach. „Ihr Mucksenburger, hört mich an! Erkennet die mahnenden Zeichen des Himmels. Fliegende Mönche sind Vorboten drohenden Unheils, ein schreckliches Omen. Das Ende ist nah. Kehret um, haltet ein in eurem Leben voller Unzucht, Laster, Völlerei und Saufgelage, sonst werdet ihr im ewigen Feuer der Hölle schmoren."

„Schmorbraten mit Kraut vierfünfzig!", rief ein Zuschauer.

Der Herold, er hatte sich gerade ein frisches Bier holen wollen, eilte die Treppe hinauf und versuchte den frommen Mann an Kapuze und Gürtel von der Bühne zu zerren.

„Schwätza lossa!", protestierte eine weibliche Stimme.

„Sodom, Mucksenburg und Gomorrha!", schrie der Mönch, während ihn der Herold die Treppe hinunter schob. „Schaut sie euch doch an, eure sauberen Weiber, bis in de Mittag nai stracket se im Nest ..."

Die Worte „Kehrwoche, Kuttereimer, Menetekel und fliegende Mönche" hallten noch durch den Burghof, dann war er durchs Burgtor entschwunden, wenngleich nicht ganz freiwillig. Bei Kuttereimer hatte auch der Letzte gemerkt, dass der Gute nicht ins Programm gehörte.

„Guten Flug, Herr Nachbar", rief einer hinterher.

Nach der mönchischen Einlage trat Brian McWash aus Bad Abgläga als Letzter auf die Bühne. Limericks aus den Bars in aller Welt werde der Brian vortragen, rief der Herold. Brian trug ein Banjo in der Linken und einen überschäumenden Bierkrug in der Rechten. Das Publikum klatschte, Brian verneigte sich, rief „thank you, thank you" und „sláinte", was im Irischen die gleiche Bedeutung hat wie im Deutschen, und prostete dem Publikum zu –„sláinte".

Der Herold verkündete: „Erster Limerick: ‚In der Burgbar'".

Brian schlug einen Akkord auf dem Banjo und begann zu singen:

„In der Burgbar, wo Ritter eins heben,
zielte zur Gaudi ein Ritter mal eben
mit der Arkebuse
auf des Burgfräuleins Bluse,
doch der Schuss, der ging gottlob daneben."

„In der Milchbar", rief der Herold.
„Es war mal ein weibstoller Bauer,
der saß in der Milchbar auf Lauer.
Bald war er per Du
mit jeder Milchkuh –
da wurde die Bauersfrau sauer."

„Wir gehen in die Weinbar."
„Es trank in der Weinbar von Meißen
ein Stammgast nur immer vom Weißen.
Je mehr er so lötet,
die Wange sich rötet.
Das will ja bei Weißwein was heißen."

„Auf in die Wüstenbar."
Es kredenzt' in der Bar in den Dünen
Sultan Abbas seinen vier Sultaninen

einen grünen Absinth –
den verwehte der Wind.
So ließ er die Wüste ergrünen.

„Wir gehen in die Jagerbar."
„In der Jagerbar soff einst ein Jager,
doch als Jager war der ein Versager,
denn weil er so soff
er die Wildsau nie troff –
also aß er Salat und blieb mager."

„Gehen Sie mit in die Lagunenbar."
Es saß einst im Blauen Lagoon
ein vom Whisky benebeltes Huhn.
Doch statt nun zu gehen
begann es zu krähen,
wie's besoffene Hühner halt tun.

„Nun ein Krimi in der Whiskybar."
„Meine Erbtante wollt' ein Glas Bourbon –
aber sofort, sonst müsse sie störben.
Ich hatte nur Gin,
also schied sie dahin,
und ich konnte die Tante beörben."

„Wir trinken einen Bloody Mary, Prost."
„Es wurd' einem Doktor aus Grechte
beim Anblick von Blut immer schlechte.
Jede Bloody Mary
zwang ihn auf die Knie –
gottlob war's ein Doktor der Rechte."

„Kommen Sie in die Stehbar."
„Es wollt einst ein Mann in Bad Lehen
an der Stehbar ein Bier trinken gehen.

Und wie er so steht
und die Zeit so vergeht,
hat er Einen sitzen im Stehen."

„In der Hafenbar auf Elba."
„In einer Hafenbar der Insel Elba
bestellte ich mir Pfirsich Melba.
Ich ess' und erwarte:
Hier zahlt Bonaparte.
Da tönt's aus dem Off: Zahl doch selba!' "

„Wir gehen zum Tanzen in die Sansibar."
„Es ging einst ein Herr namens Hans
in die Sansibar abends zum Tanz.
Kaum tanzt er mit Sansi,
schon nennt sie ihn Hansi –
man merkt halt sofort: Der Hans kann's."

„Und nun zum High Noon in die Westernbar."
„Wollt' ein Mann in der Bar ‚Wilder Westen'
seine Standhaftigkeit einmal testen.
Gern servierte man ihm
sechsunddreißig Jim Beam –
schon beim Zehnten stand's nicht mehr zum Besten."

Tosender Beifall und „Zugabe, Zugabe, da capo!"
Brian stand wie eine Eins, trank seinen Krug aus und rief:
„Zwoi hon i no!"
Das war jetzt nicht Irisch, so reden die Leute in Bad Abgläga.
„Wir kehren ein in die Austernbar", rief der Herold.
„Sagt ein Gast in der Bar: ‚Gerne hätt' ich
Seegurken-Salat mit Meer-Rettich.'
Sagt der Chef: ‚Habe grad
frischen Seegras-Salat,
oder Austern, die sind heut schön fettich.'"

Und nun gibt es „Die letzte Auster in der Bar".
„Die Gelüste auf Austern zu stillen,
sucht ein Mann eine solche zu killen.
Schon während er kaut
beschimpft sie ihn laut –
doch beim Schlucken beginnt sie zu brüllen."

Bei dem nun einsetzenden Beifall hätte niemand eine sterbende, um Hilfe rufende Auster gehört.

Nun war es am Publikum, den Sieger zu küren. Der Herold bat die vier Kontrahenten nacheinander auf die Bühne, der Beifall trug weit über die sieben Drumlins, ein eindeutiger Sieger war nicht zu ermitteln, und als die Ovationen nicht enden wollten, beschloss die Festkommission, vier erste Plätze zu vergeben. Die Obrigkeit überreichte jedem der Sieger eine goldene Muckserscheibe am Band und nach dem Absingen des Muckserliedes – Text und Noten auf der Rückseite des Programms – war der offizielle Teil beendet.

Es floss noch reichlich Wein und Bier und Most durch die Kehlen. In den städtischen Säckel aber war am Abend des Sängerfestes so viel Geld geflossen, dass der Kämmerer fortan Tag um Tag und Nacht um Nacht in seiner Kammer im Rathaus saß, mit schwieligen Händen die Dukaten zu Türmchen stapelte und zählte und zählte und vielleicht zählt er ja noch heute.

Das Paradies

———

Gott schuf Himmel und Erde. Dann machte er Licht und besah sich die irdische Baustelle. Das Wasser sammelte er, damit das Trockene sichtbar werde, dann türmte Gott ein Gutteil des Trockenen auf zu Hügeln und Bergen. Allenthalben ließ Gott das grüne Gras wachsen und den gelben Löwenzahn, formte die Tiere, auch die fleißigen Bienen und die Rindviecher. In den Bergen schuf Gott das Paradies, und weil es ihm grad so gut von der Hand ging, auch noch Adam und Eva. Den beiden drückte er ein dickes Buch in die Hand, dann machte Gott Feierabend.

Adam und Eva wanderten über die paradiesischen Almen. Sie nährten sich von der Milch der grasenden Rindviecher, Evas Lippen glänzten vom Honig und ihr Mund verströmte liebliche Worte. Des Abends lasen sie aus dem Buch und tranken Most aus dem Obstgarten Eden gegen die trockenen Kehlen. Bis an ihr seliges Ende wären sie im Stande der Unschuld verblieben, aber so stand es nicht geschrieben in Gottes Handbuch. Sie taten, wie es geschrieben stand nach Art der Bienen und Gänseblümchen, drauf mussten sie den Garten Eden verlassen. Eva pflückte noch zwei Blätter vom Rhabarberstrauch, denn sie waren spärlich bekleidet, dann schlossen sie das Gatter hinter sich, legten den Schlüssel unter die Matte und stiegen weinend ins Tal hinab.

Über den erstgeborenen Sohn wurde in der Familie nur hinter vorgehaltener Hand gesprochen. Er war Bauer geworden und trotz des topfebenen Landes auf die schiefe Bahn geraten. Des ungeachtet zeugte Adam bis ins hohe Alter zahlreiche Nachkommen. Sie zogen in die vier Winde und griffen ebenfalls zu Pflug und Egge, denn es gab reichlich zu ackern. Nass und kalt waren die Nächte, die Nachkommen schlüpften aneinander, ihren Kindern folgten zahllose Kindeskinder. Bald wurde es eng und laut auf der Welt, einer trampelte durch des anderen Gemüsebeet, warf seinen Abfall über des Nachbarn Zaun, der mähte seinen Rasen am Tage des Herrn – die Ruhe war dahin, über all den Lärm gab es nimmer endendes Gezänk.

Die Menschen fuhren fort, wie im Buch geheißen, und machten sich die Erde untertan, pflasterten Wiesen, Felder und Auen, gossen Asphalt über blühenden Klee, schlugen Schneisen durch Wälder und spannten Brücken über begradigte Flüsse.

In diesen Tagen lebte ein Großvater in seiner Kate, saurer Regen troff vom Dach und vor der Türe toste der Verkehr. Der Großvater saß mit seinem Enkel Daniel am Kachelofen, hob seine Stimme gegen den Lärm und erzählte dem Enkel die Sage vom Paradies in den Bergen, vom Wein, der an den sonnigen Hängen gedieh, von den Obstwiesen im Tale und von Stille und Einsamkeit. Daniel lauschte dem Großvater und sie träumten gemeinsam vom blühenden Garten.

„Schau Daniel", schloss der Großvater seine Erzählung, „irgendwo muss das Paradies ja noch sein, und der Schlüssel liegt gewiss noch unter der Matte. Ich glaube, man muss nur lange genug suchen."

Der Großvater war schon lange tot, aber die Sage vom verlassenen Paradies ging Daniel nicht aus dem Sinn. Eines Abends lag er wieder auf der warmen Ofenbank, die Holzscheite knackten und seine Gedanken wanderten ins Land bis zu den Hügelketten am Horizont. Als er näher kam, sah er, dass es bunte Hügel waren, blaue, rote, gelbe, braune und weiße, in allen Farben türmten sich die Hügel vor dem Wanderer, aber es waren Hügel von Unrat und dröhnende Schaufellader schoben die Hügel zu Bergen. Von solchen Bergen hatte der Großvater nicht gesprochen.

Hinter den Müllbergen erreichte Daniel ein blank gescheuertes Land. In einem Städtchen traf er auf eine kittelgeschürzte Frau, die gerade den Bürgersteig schrubbte.
„Bitte, wo geht's denn hier zum Paradies?"
„Grad da ums Eck", sagte die Frau, und zeigte mit der Wurzelbürste nach vorne, „im ‚Paradies' gibt's heut saure Kutteln."
Nach der Einkehr wanderte Daniel beschwingt weiter, beglückt von der paradiesischen Speise.

Bald kam er an einen See und über dem silberhellen Wasser leuchtete ein mächtiges Gebirge. An den Hängen siedelten die Reichen, erfuhr Daniel, sie wohnten in Marmorpalästen und fuhren in goldenen Kaleschen – selbst ihre Rindviecher kauten auf goldenen Zähnen. Gleichwohl würden die Leute des schlaraffischen Lebens nicht froh, sagten die Anwohner. Räuber und Diebe erschienen den Ärmsten nächtens im Schlaf, patschnass erwachten sie beim Grauen des Morgens. Finster blickende Garden bewachten seit Vorzeit die Ufer des Sees, bereit, sich mit Armbrüsten und Hellebarden auf die rothaarigen Wilden zu stürzen, die zuweilen in Langschiffen über das Wasser segelten, das Gold der Reichen zu rauben.
Das, dachte sich Daniel, konnte das wahre Paradies nicht sein.

Er wanderte weiter entlang des Sees durch endlose Alleen von Obstbäumen, aber es waren verhutzelte Bäume ohne Krone und rechten Stamm. In einem Dorf kehrte er ein im

„Grünen Baum", setzte sich zum Wirtstöchterchen auf die Bank, trank einen Becher Most – es wurde ein fröhlicher Abend, denn sauer macht lustig. Käthes Mündchen sagte „Ja" und bald wurde Hochzeit gefeiert. In der Früh am Tag nach dem Fest schnürten sie ihr Bündel und suchten ihren Weg durch den Wald der Zwergenbäume. Dunstschleier zogen über die Hänge, aber es war kein morgendlicher Nebel. Wolken von Gift hüllten die Wanderer ein und ein bitterer Geschmack legte sich auf ihre Lieder. Sie flüchteten über gebräunte Wiesen, ihre Wanderschuhe färbten sich dunkel und der Duft alles Vergänglichen stieg gen Himmel.

Bald kamen sie in ein Land mit Zwiebeln auf den Türmen und Glocken an den Kühen, aus der Ferne tönte herzhafte Musik. Unter Kastanienbäumen saßen lederbehoste Männer und rotwangige Frauen an blanken Holztischen, aßen Berge von Kraut, fette Würste und Knödel und tranken Bier aus mannshohen Krügen. Nach dem Trunke packten die Männer die Frauen um die Hüften, stießen gellende Schreie aus und schleppten ihre Beute auf eine hölzerne Bühne. Himmelhoch jauchzend hüpften die Paare in die Höhe – wegen der Würste und Knödel freilich nicht ganz so hoch wie der Himmel. In das Stampfen und Jubilieren hinein fragte Daniel einen der Tänzer, wo sie das Paradies finden könnten.

„Ja seht ihr's denn nicht? Hier ist das Paradies, setzt euch nieder!", rief der zurück. „Zum Wohl!"

Mit schwerem Kopf, aber leichten Herzens zogen Käthe und Daniel am folgenden Morgen weiter. In einem Dorf am Fuße der Berge wollten sie in einem Gasthof einkehren, aber Auto um Auto brauste vorüber, bis zur Einbruch der Nacht konnten sie die Straße nicht queren. Beim Abendbrot fragten sie den Wirt nach dem Paradies.

„Grad hier, wo ihr steht, war das Paradies", sagte der Wirt, „aber der Lärm und Gestank heutzutage – höllisch!"

Am nächsten Tag erreichten sie das Ende eines Tales und stapften in Abgas und Schwaden von Ruß gehüllt die Passstraße hinauf. Auf der Höhe herrschte Winter, auf den Hängen lag Schnee und am Straßenrand stand ein Schild mit dem Buchstaben P. Aber das P wies nicht zum Paradies, sondern zu einem Parkplatz mit Pommesbuden und Kassenhäuschen. Auf bunten Tafeln stand in sechsunddreißig Sprachen, was dem Besucher alles verboten und was nicht erlaubt, was der Eintritt in die Natur kostete und eine Bockwurst mit Senf. Auf planierten Hängen wuchsen Wälder von Gittermasten. Aus dem brummenden Maschinenhaus fuhren Sessel den Hang hinauf und wieder zu Tal. Lange Schlangen von Vermummten und Behelmten drängelten vor den Kassen, setzten sich auf die schwankenden Sessel und verschwanden im Dunst. Derweil stoben andere die Pisten herunter – sie hatten das Paradies wohl auch nicht gefunden.

Hinter dem Parkplatz führte ein Saumpfad steil in die Höhe. Daniel und Käthe stiegen hinauf, querten finstere Wälder und eisige Hänge. Über Berge und Vorland türmten sich schwarze Wolken, es begann zu regnen. Es regnete und regnete, Schnee und Eis schmolzen, Bäche stürzten zu Tal, die Flüsse traten über die Ufer. Unaufhörlich stieg das Wasser, Käthe und Daniel keuchten die Hänge hinauf auf der Flucht vor der gurgelnden Flut – da endlich erblickten sie den Eingang zum Paradies. Unter der Matte lag der rostige Schlüssel. Das modrige Gatter brach von selbst aus den Angeln – drinnen Stille und Wärme. Das Paradies war verkrautet, viel Arbeit wartete auf die neuen Bewohner.

Sie ließen die Arbeit warten, legten sich zwischen die Butterblumen, atmeten den Duft des Enzians, lauschten dem Summen der Bienen und dem Pfeifen der Murmeltiere, blickten in den blauen Himmel und Honig glänzte auf Käthchens Lippen.

Eine weiße Wolke zog über das Paradies und aus der Wolke sprach eine Stimme: „Käthe und Daniel, hört! Wir fangen jetzt nochmals ganz von vorne an, und hier ist das neue Handbuch."

Daniel nahm das Buch, aber grad als er Käthe das erste Kapitel vorlesen wollte, erwachte er am eiskalten Ofen.

Die Geschichte vom gescheiterten Verlöbnis der Stadt Ravensburg

---

Es war in den sechziger Jahren des letzten Jahrhunderts, als Ravensburg auf Freiersfüßen wandelte. Auf ihrer Suche nach einer angemessenen Partnerschaft hörten die Ravensburger auch von der französischen Stadt Montélimar, dem Tor zur Provence. Montélimar war interessiert und lud zum Gespräch. Die Provence war seinerzeit noch viel weiter weg als heute, und auch viel ausländischer, aber das wenige, das die mit der Brautschau befassten Ravensburger Stadträte in Erfahrung bringen konnten, klang viel versprechend. Nun galt es zuvörderst, die eigenen Vorstellungen über die Zukünftige zu klären, so eine lebenslange Bindung ist eine heikle Sache.

„Aus Paritätsgründen wünschen wir uns eine stilvolle und der Bedeutung der Stadt Ravensburg ebenbürtige Partnerin", sagte der Hohe Rat. „Wir streben eine reine Vernunftehe an", betonten die Räte, „die Braut sollte über einen starken urbanen Charakter verfügen, bereit und fähig sein, sich der verfeinerten Ravensburger Lebensart anzupassen, und nicht zuletzt auch in pekuniärer Hinsicht höchsten Ansprüchen genügen."

„A rechte Sach und Verstand gehen vor Schönheit und Tand", reimte der Oberbürgermeister zusammenfassend.

So entsandten denn die Ravensburger einen Ratsherrn reiferen Jahrgangs als Kundschafter in den Süden – im Frühling machte er sich auf den Weg. Im Sommer glaubte man ihn schon verschollen, kurz vor Einbruch des Winters kam er jedoch zurück. Braungebrannt, um Jahre verjüngt und nach Lavendel duftend, parlierte er mit welschem Akzent und schwärmte vor dem überfüllten Ratssaal begeistert von der Sinnenfreude der Provence, der üppigen Natur und der Schönheit von Montélimar. Als die Ratsherren von üppigen Schönheiten und ihrer sinnlichen Natur hörten, unterbrachen sie den Vortrag: „Danke, das genügt!"

Sofort müsse man die Örtlichkeit selbst in Augenschein nehmen, die Sache dulde keinen Aufschub. Zwar sei eine Expedition in unbekanntes Land eine unsägliche Plackerei, erklärten die opferwilligen Räte, dennoch sei man über allen Parteihader hinweg bereit, Fährnisse und Mühsal dieses Unternehmens klaglos auf sich zu nehmen – das Gemeinwohl fordere nun einmal seinen Tribut. Auch machten sich die Herren erbötig, den Ratskolleginnen den beschwerlichen Weg über die verschneiten Pässe fürs Erste zu ersparen und beschlossen, auf der Stelle die Koffer zu packen. Im Morgengrauen erfolgte der tränenreiche Aufbruch der Stadträte und Spitzen der Verwaltung. Zahlreiche Ravensburger Honoratioren, Notabeln und verdiente Bürger schlossen sich in letzter Minute dem Treck an, freilich auf eigene Kosten. Alle guten Wünsche begleiteten sie!

Damit hätte es sein Bewenden haben können und über die Sache wäre längst Gras gewachsen, wenn nicht die Abwesenheit der Herren durch einen so irren, wie witzigen Zufall aufgedeckt worden wäre, indem nämlich aufmerksame Leser der Lokalzeitung verwundert bei der Redaktion nachfragten, warum von einem gewissen Herrn Stadtrat seit über sechs Jahren kein Photo mehr im Blatt erschienen sei. Früher sei derselbe dem Leser täglich, bisweilen sogar mehrfach erschienen, und manchem sogar bei Nacht im Schlaf. Die Zeitung recherchierte, die Sache flog auf. Der Skandal um das verwaiste Rathaus und die verödeten Amtsstuben entfachte einen öffentlichen Sturm der Entrüstung, der allen Staub aufwirbelte, der sich im Laufe der Zeit auf den amtlichen Schreibtischen abgelagert hatte. Noch bevor sie die Peinlichkeit publik machte, sandte die Zeitung ihre Reporter aus, die Ehefrauen der Aushäusigen zu interviewen, im Falle auch Trost zu spenden und beizustehen.

Die Damen fielen aus allen Wolken: „Etz guck au do na! Ha etz isch alles klar!"

Die ganze Zeit hätten sie sich schon über die Ruhe im Haus gewundert …, und kein Dreck mehr in der Wohnung …, aber jetzt, wo es die klugen Leute von der Zeitung sagten – tatsächlich!

Die Verlassenen gründeten eine Bürgerinnen-Initiative und beteten nun allabendlich in der Jodokskirche für das Wohlergehen der in der Ferne harrenden Ehemänner. Die Fürbitten haben geholfen, aber zurückgekommen ist keiner!

Weltenbummler, die das Rhonetal bereist hatten, berichteten übereinstimmend, man habe die Schussentäler gesehen, sie seien ja auch unschwer zu erkennen an ihren Baskenmützen. Bereits am Vormittag strömten sie in die Bistros, hielten ein Glas Pastis in der Hand und verfolgten die Pferdewetten. Andere überwachten die Kehrwoche auf dem Bouleplatz. Die Baskenmützen seien allerdings äußerst einsilbig. Anfangs habe man gedacht, sie bekämen den Mund nur schwer auf wegen des Montélimarer Nougats, oder wegen der gelben Zigarettenstummeln im Mundwinkel, oder wegen beidem.

„Es wurde uns aber schnell klar", erzählten die Fernreisenden, „dass die ehemaligen Ravensburger ihrer Muttersprache nicht mehr mächtig waren. Sie sprachen nur noch Französisch, mit stark von der Sonne gebleichtem Akzent."

Das kommt von der Ernährung. Ein im Schwabenland heranwachsender Mensch, zum Beispiel, isst ohne Unterlass Kässpätzla, saure Kartoffelrädla und Grumbirasalat. Und wem allbot saure Kartoffelrädla auf der Zunge liegen, dessen Zunge wird halt nach und nach immer schwäbischer, und eines Tages kann sie nur noch Schwäbisch – die Zunge. Milliarden von Chinesen essen von Kindesbeinen an chinesische Gerichte, und welche Sprache sprechen die Chinesen? Chinesisch! Quod erat demonstrandum!

Die neue Generation von Fastfood-Essern wird für die Sprachwissenschaftler noch ein gefundenes Fressen werden.

Und weil halt die Auslands-Ravensburger schon jahrelang in Lamm auf Kräutern der Provence, Ratatouille, Baguettes und Ziegenkäse geschwelgt hatten, und Rotwein in ihren Adern floss, sprachen sie nur noch Französisch. Sie waren hundertprozentig zu Franzosen geworden, ihre Leber zu einhundertfünfzig Prozent. Rein völkerrechtlich ist das übrigens ein klarer Fall, einmal gallisch, immer gallisch.

Unterdessen gingen in Ravensburg die Jahre ins Land, die Fürbitten in Sankt Jodok wurden aus Energiespargründen nur noch vierteljährlich abgehalten. Das durch den Schwund an

obrigkeitlicher Substanz mehr und mehr kleinstädtische Leben ging seinen Gang, die Fotographien der Auswanderer vergilbten in ihren Rahmen. Die Kinder wurden erwachsen, gingen ihrer Wege. So blieb halt doch mehr und mehr männliche Arbeit im und ums Haus liegen. Der Keller hätte längstens wieder mal aufgeräumt gehört, unter dem Kanapee stapelte sich der Müll, die Garage sollte dringend gekachelt und das Auto gewaschen werden.

Als die Göttergatten am zwanzigsten Jahrestag der Auswanderung noch immer nicht zurückgekehrt waren, da riss den sitzen gelassenen Hinterbliebenen der Geduldsfaden. Sie versammelten sich im Gasthof „Zum Engel" am Marienplatz; die Gaststube konnte all die aufgebrachten Damen kaum fassen. Von Anbeginn herrschte eine unheilschwangere Stimmung, nur vergleichbar mit dem Vorabend des 14. Juli. Ein rasch gebildetes Komitee forderte die amtliche Rückführung der Ehemänner und verfasste eine scharfe Resolution. Einige Damen trafen verspätet ein, hörten „Revolution" und griffen zu Messer und Gabel, aber grad als die aufgepeitschte Menge zum Sturm auf das Rathaus aufbrechen wollte, da wurden gschmälzte Maultaschen serviert. Die Maultaschen hatten eine besänftigende Wirkung auf den Volkszorn – mit der Gosch voll Maultaschen ist nicht gut protestieren! Die Wirtin ergriff das Wort und verwies auf die ungeklärte Haftungsfrage im Falle einer nicht genehmigten Revolution. Im Übrigen sei das Rathaus bekanntermaßen leer, bis auf den Staub. „Oder wollt Ihr vielleicht Staubwischen?"

So kehrte – auch dank des dämpfenden Hopfens – Ruhe ein im Gasthof „Zum Engel", besonnene Stimmen gewannen die Oberhand.

Als ob es noch eines Beweises bedurft hätte: Mit gschmälzte Maultaschen kann man jede Revolution im Keime ersticken!

Das Wort „Schadensersatz" für den erlittenen Verlust wurde in die Debatte geworfen, und binnen kurzem stand die Grundsatzfrage im Schankraum: Rückführung der entsprungenen Ehehälften oder angemessene finanzielle Entschädigung? Über die Höhe des zu fordernden staatlichen Schadensausgleichs kursierten einerseits abenteuerliche Beträge, andererseits bezweifelten einige mutige Damen, dass überhaupt nennenswerter materieller Schaden entstanden war.

„Dr Meine hot von Amts wega müssa!", schallte es aus dem Nebenzimmer, „zahlet mir a schäne Pension, no I gib a Rua!"

„Von mir aus ka dr Gustl bleiba, wo dr Nougat wächst!", kam es von rechts.

Eine andere Stimme klagte: „En Sauhaufa Geld hätt der Kerle dahoim no verdient!"

So wogten die Meinungen hin und her. Die Mehrheit der Anwesenden würde zu diesem Zeitpunkt wohl eher die Rückkehr der Entlaufenen bevorzugt haben. Da aber gab die Engelwirtin zu bedenken, ob es in Anbetracht der nunmehr um Jahrzehnte gealterten, durch das süße Leben vermutlich zahnlosen, durch das üppige Essen und den Pastis sicherlich übergewichtigen Herren mit ihren Fettlebern, nicht vielleicht doch klüger wäre, statt auf der Rücknahme der angegriffenen Herrschaften auf neuwertigem Ersatz zu bestehen. Welch ein Traum!

Kaum hatte die Wirtin unter Jubel geendet, da öffnete sich die Engelspforte und märchenhaft schöne Jünglinge schwebten in den Raum. Die göttergleichen Wesen spielten die Mandoline und sangen hinreißende Lieder von Süden und Amore. Die hingerissenen Damen folgten den himmlischen Troubadouren hinaus auf die Piazza Maria, und von dort zogen sie über alle Berge, bis in die warme Sonne Italiens. Auch sie wurden nie wieder gesehen!

Durch diese beiden Auswanderungswellen ging die Reichsstadt Ravensburg all ihrer Schönheiten und Weisheit verlustig, von diesem Aderlass hat sich auch das Rathaus nie wieder ganz erholt. Ach wären die Ravensburger doch bescheiden im Lande geblieben und hätten sich redlich um eine der reizvollen oberschwäbischen Nachbarstädte bemüht!

Die Allgäuer Revolution

„In aller Herrgottsfrühe brach die Revolution aus", erzählte uns der Großvater. „Sie kletterte durchs Kellerfenster ins Freie, stürmte im Schein der blutroten Morgensonne ins Allgäu hinauf und trommelte mit den Fäusten gegen Fensterläden und Türen. Das daniederliegende Volk solle sich erheben, tobte die Revolution, die Stunde des Aufstandes sei gekommen. Da sie wegen des Lärms nicht wieder einschlafen konnten, erhoben sich die Leute und standen halt auf. Unbotmäßige Gedanken verbreitete die Revolution unter den aufgeweckten Allgäuern, wetterte gegen die überkommene Ordnung, doch am schlimmsten trieb sie es selbst – bei Tag und bei Nacht. Es kam dann auch so, wie es die Leute gleich gesagt hatten: Bald waren Zwillinge da, und die zwei Buben taufte die Revolution auf die Namen Bertl und Biebe. Einen Vater hatten freilich beide nicht, und so zog die allein erziehende Revolution mit ihren Revoluzzerchen durchs Oberland, wiegelte die braven Allgäuer gegen die gottgewollte Obrigkeit auf und verbreitete Angst und Schrecken unter der Herrschaft."

„Ja, das waren unruhige Zeiten damals", fuhr der Großvater fort und senkte die Stimme, „auch bei uns im Haus hing so eine Spannung in der Luft und knisterte – Unheil dräute. Und wie ich so eines frühen Morgens mit der Zeitung auf dem Sofa lag, da polterte es im Flur und die Tür zum Wohnzimmer flog auf."

„Jesses, die Revolution!" schrien wir entsetzt.

„Eure Großmutter stand in der Tür", sagte der Großvater, „schwenkte den Kehrwisch in ihrer Rechten und sprach aufrüttelnde Worte: Der Tag des großen Frühjahrsputzes sei angebrochen, und ob man das schon wieder vergessen habe. Sie erinnerte an meine ehelichen Pflichten, und dass sie die Reinigungsarbeiten und deren Fortgang unnachsichtig überwachen werde. Dem Fortgang der Arbeiten wollte ich ja nun keinesfalls im Wege stehen – aber, stellt euch vor, sie gingen einfach nicht fort, die Arbeiten! Ganz im Gegenteil, sie rückten immer näher und näher, und nur mit Mühe gelang es mir, den Besen, Putzkübeln, Schaufeln und dem Mopp auszuweichen und in den Garten zu entfliehen – sauknapp, das kann ich euch sagen!", stöhnte der Großvater in der Erinnerung, und wir brachten ihm schnell einen Gespritzten.

„Wo war ich stehen geblieben?"

„Auf der Liege im Garten!"

„Ich lag nun also unter dem Apfelbaum und träumte meinen Traum vom Sturz der Putz-Tyrannei und vom Ende aller Feudelherrschaft. Und grad wie ich meinen Freiheitsdurst mit einem Fläschchen Muskateller stillen wollte, da kam die Revolution aus dem Wald. Schwarze Vögel saßen auf den Bäumen, die Trommel dröhnte, und das Lied der Allgäuer Revolution schallte über das Tal:

,Rumm, bumm, rumbedibumm,
um den Drumlin rum und num!
Unser schauriger Gesang
macht der Herrschaft Angst und Bang!
Rumm, bumm, rumbedibumm!
Wir gehen revoluzzen,
dann muss die Herrschaft putzen!
Rumm, bumm, rumbedibumm,
um den Drumlin rum und num!'

Der Bertl und der Biebe lugten mit ihrer Mutter über den Gartenzaun. ‚Ja, grüß euch Gott, ihr Freiheitskämpfer‘, sagte ich. ‚Euch habe ich sehnsüchtig erwartet! Für eine Revolution ist es freilich noch arg früh am Tag – jetzt fangt ihr halt schon mal mit dem Revoltieren an –, ich komme dann gleich nach. Ihr seid doch sicher wohl gerüstet mit Flinten und Pulver und einer frisch gewetzten Guillotine?‘

‚Durch den Wald konnten wir die Guillotine nicht schleifen‘, erklärte der Bertl, ‚aber ein Sackmesser haben wir im Tornister, sechs Paar Schützenwürste und eine linke Gesinnung!‘

Rote Wurst und linke Gesinnung und keinen Schuss Pulver – um alles muss man sich selber kümmern! Ich griff also zu den hauseigenen Waffen, und verteilte Sensen, Mistgabeln, Musketen und Muskateller an die schrecklichen drei. Die Revoluzzer rannten vors Haus, riefen ‚Herrschaft heraus!‘ und stimmten welsche Lieder an: ‚Ah! ça ira, ça ira, ça ira! Les aristocrates à la lanterne!‘"

Der Großvater kann auch Französisch, stellten wir bewundernd fest.

„Unterbrecht mich nicht dauernd! Bei dem Geschrei erschien eure Großmutter mit dem Kehrwisch am Fenster und fragte, wer denn die fröhlichen Sänger seien.

‚Ja, Herrschaft, seht ihr das denn nicht?‘ rief der Bertl. ‚Wir sind die schauerliche Revolution – wir verbreiten Angst und Schrecken, Heulen und Zähneknirschen.‘

Und der Biebe schlug auf die Trommel – ‚Rumm, bumm, rumbedibumm.‘

‚Mit eisernem Besen fegen wir durchs Land und sorgen für eine neue Ordnung – kehren das Unterste zuoberst. Gnadenlos räumen wir auf, machen Tabula rasa und misten die Augiasställe aus.‘

‚Rumm, bumm, rumbedibumm‘ machte die Trommel.

Die Herrschaft war begeistert: ‚Ihr kommt mir wie gerufen, auf solche wie euch habe ich gewartet! Besen, Eimer, Putzlappen, und auch der Mopp – alles steht schon bereit. Zuerst räumt ihr die Zimmer auf, dann nehmt ihr den Besen und fegt überall aus – auch unter den Betten und dem Tabula. Die Böden werden nass aufgewischt, danach sind die Fenster dran. Einen Augiasstall haben wir nicht, jedoch muss der Hühnerstall ausgemistet werden, und hinterher sorgt ihr für Ordnung im Geräteschuppen. Zwischendurch nehmt ihr die Wäsche aus der Trommel und hängt sie auf, aber nicht an der Laterne! Wenn alles geschafft ist, gibt's Essen!'

Als der Bertl und der Biebe dies hörten, wollten sie sich klammheimlich verdrücken, sind dabei aber über einen Putzeimer gestolpert. Die Revolution hat sich entschuldigt, sie habe sich wohl im Datum geirrt und komme nach den Pfingstferien wieder.

Da waren sie aber an die Rechte geraten", erzählte der Großvater weiter. „Das ist mir eine saubere Revolution!', schimpfte eure Großmutter. ‚Mit Getrommel und Krakeel aufmarschieren, Angst und Schrecken verbreiten, Heulen und Zähneknirschen, und sich hernach ohne einen Handstreich aus dem Staube machen! Rumbedibumm an die Arbeit, sonst sperr ich euch in den Hühnerstall – und da brecht ihr nicht so einfach aus!'

Angesichts der höheren Gewalt und des Hühnerstalls stürzten sich die drei notgedrungen in den Kampf gegen den Staub auf den Schränken und den Müll unter den Betten. Das Dröhnen des Schlachtenlärms war bis in den Garten zu vernehmen. Selbst neben meiner Liege wurde zeitweise geschossen, das konnte jedoch auch der Salat gewesen sein.

In der zweiten Gefechtspause war kein Brot mehr im Haus, und die Revoluzzer mussten Butterbrezeln essen. Nach den Brezeln flackerten die Kampfhandlungen erneut auf, der Taubenschiss an den Fenstern leistete erbitterten Widerstand. Spätnachmittags schwiegen endlich die Waffen. Die im

Winde flatternden weißen Betttücher kündeten vom Ende der Schlacht.

Die Herrschaft trug eine Schlachtplatte auf, der Muskateller hatte die Wirren der Zeit gottlob unbeschadet überstanden", freute sich der Großvater.

„„Mahlzeit', sagte die Herrschaft, die mutigen Kämpfer sollten nur Platz nehmen und zulangen.

Ich erhob mein Glas: ‚Prost! Ein großer Sieg für die saubere Sache!'

Die Revolution sagte gar nichts, schaute mit finsterem Blick auf den Tisch und knirschte mit den Zähnen. Gleich wird sie vor lauter Zorn ihre Kinder fressen, dachten wir erschrocken, doch sie stellte nur wortlos den Besen in die Ecke, der Biebe hängte sich mit letzter Kraft die Trommel um, der Bertl heulte erschöpft vor sich hin, und ganz leise gingen sie hinaus in den Wald.

Mit dem Sauerkraut und den schweren Blutwürsten im Magen musste ich mich nochmals kurz niederlegen – nach getaner Revolution ist gut ruhn –, da verdunkelte sich der Himmel.

‚Geh mir aus der Sonne, Bürgerin', wollte ich gerade noch sagen, da weckte mich die herrschaftliche Stimme: Ja, ist es denn die Möglichkeit! Der hohe Herr liegt im kühlen Schatten und schläft! Da will sich wohl einer vor dem Großputz drücken!'

Das war das Ende meines Traums", seufzte der Großvater, „die Revolution hat sich bei uns leider nie blicken lassen!"

Des Hasen letzte Weihnacht im Moor

Es war einmal in den schlechten alten Zeiten ein bitterkalter Winter, der Frost klirrte und der eisige Wind pfiff, und bei Nacht war es dunkel im Moor.

In diesen schlechten alten Zeiten stand weit hinten, ganz hinten im Moor, eine einsame Hütte. In der Hütte hausten selbdritt der alte Schürzenjäger und seine Frau und das nackte Elend, und sie lebten von den Rüben im Moor. Um die Hütte, da heulte der Wind und darinnen die Frau, und ihre heißen Tränen wärmten die aschfahlen Wangen. Das Elend kauerte am erkalteten Herde, nackt und bloß, weil es keine Kleider zum Anziehen hatte, und seine drei Zähne, die klapperten, als jagte ein Pferd übers Eis.

Es geschah bisweilen im nächtlichen Moor, dass verirrte Wanderer ein schauriges Knurren vernahmen und vor Entsetzen und Kälte erstarrten. Aber das Knurren war nicht des Schürzenjägers toter Hund, nein, es war der Magen der Schürzenjägerin, der inwendig der Jägerin knurrte. Und wenn des Knurrens und Zähneklapperns kein Ende war, dann erzählte der Jäger aller Schürzen von der Fettlebe in den guten alten Zeiten. Die Frau und das Elend konnten sich nicht satt hören daran, das Wasser lief ihnen im Munde zusammen, und so hatten sie zu schlucken bis zum Grauen des Morgens.

In einer der eiskalten Nächte, und in das Knurren und Klappern hinein, da läutete es Sturm. „Wer läutet so stürmisch bei Nacht, liebes Weib?", fragte der Schürzenjäger. Die Frau öffnete die Türe und sagte: „Mein lieber Mann! Die Weihnacht steht vor der Tür, mit baren Füßen im Schnee. Die Weihnacht ist hungrig vom Stehen, aber wir haben nur noch kalte Rüben vom Moor. Nimm deine Flinte und gehe das Häslein schießen im tiefen Wald, dass wir einen Hasenbraten haben für uns, das klapprige Elend und die Weihnacht vor der Tür."

Der alte Jägersmann hatte schon lange sein Pulver verschossen auf der Jagd nach den flüchtigen Schürzen, und so nahm er statt der Flinte die Axt und eilte im Dunkel zur Lichtung, auf der sich Fuchs und Has Gute Nacht sagen. Der Fuchs hatte sich an diesem Abend verspätet oder den Braten im Voraus gerochen, so saß das goldige Häschen ganz einsam und allein auf der Lichtung und harrte seines Freundes, dem Fuchsen, weil es ihm Gute Nacht sagen wollte.

Da packte es der Jäger und schlug so lange mit der Axt auf das Häslein ein, wie nötig. Dann kehrte er zurück in die Hütte und die Frau zog dem goldigen Häschen das Fell über die Löffel und nähte geschwind ein Paar Stiefelchen daraus und

ein warmes Wams. Dem Hasen streuten sie Pfeffer und Salz auf den Schwanz, füllten ihn mit Moorrüben und ließen ihn schmoren.

Dann luden sie die Weihnacht zu Tisch und verspeisten das Goldhäslein und die Moorrüben satt. Als alle genug hatten, kam die Bescherung: Das nackte Elend freute sich über das Wams, bedeckte seine magere Blöße und zog hinaus in die Welt. Die Weihnacht bekam die molligen Stiefelchen geschenkt, und fortan ward es eine fröhliche Weihnacht, denn mit warmen Füßen steht es sich gut vor der Tür.

Der alte Schürzenjäger und seine Frau aber kauften sich vom Golde des Hasen ein prächtiges Schloss, setzten sich an den warmen Kachelofen und erzählten jedermann das Märchen von des Hasen letzter Weihnacht im Moor.

Das Erbe des Flohzirkusbesitzers

Der Wirt setzt sich zu uns an den Stammtisch.

„Ich muss euch was erzählen: Gestern hatten wir die Totenfeier für den Seniorchef der Firma Watzke, Nudelsuppe, kurze Schweigeminute, dann Gulasch mit Spätzle und Eistorte. Der Schultes kam auf einen Schnaps, hat der Lebensgefährtin den Nachruf für das Gemeindeblatt in die Hand gedrückt, kondoliert, und ob das so in Druck gehen könne. Die junge Dame hat der Familie den Text zum Gulasch vorgelesen und dabei Rotz und Wasser geheult. Das Papier mit den Wein- und Tränenflecken habe ich noch, hört zu:

Wir trauern um Franz-Haimerad Watzke. Haimerad – sein Name, sein Wahlspruch: ‚Besser Rat kannst du daheim nicht geben, als ein beispielhaftes Leben'. Am 24. d. M. verschied F.H. Watzke, Flohzirkusbesitzer, im Alter von 98 Jahren. Der Ehrenbürger unserer Gemeinde begann seine Laufbahn als Tierpfleger im väterlichen Flohzirkus, stieg über das Hochseil zum erfolgreichen Unternehmer auf und erwarb sich große Verdienste am internationalen Flohmarkt. Alle Kraft widmete er dem Wohle seiner geliebten Familie und hinterlässt …,

da tönte es von hinten: ‚Endlich, zur Sache!'

‚Unsummen hat der verdient!'

‚Hoffentlich nicht alles vervespert!'

‚Ihr solltet euch schämen!', berappelte sich die Lebensgefährtin. Völlig mittellos stehe sie nun da, so kurz vor dem Abitur, und ob sie wüssten, wie schrecklich der Haimerad gestorben sei: Grad wie sie seinen schwarzen Anzug aufbügeln wollte, da habe der Haimi das Jackett gepackt und einen Zettel herausgezogen, so eine Liste, und sich blitzschnell in den Mund gestopft. Sie habe sofort nachgefasst, aber nur noch die Zähne retten können, und so sei er kurz vor seinem Tode erstickt.

‚Der konnte den Hals nicht voll kriegen, der alte Geizkragen', riefen die Enkel. Und sie zurück: Vielleicht habe ja ihr geliebter Haimi ein kleines Geheimnis mit ins Grab genommen, aber mit dem Zirkus sei jetzt Schluss, und was die Flöhe angehe, die könnten sie gern unter sich aufteilen, wenn das nicht schon geschehen sei.

‚Eine Kontenliste war das', schrie einer. ‚Schweizer Geheimkonten – auf zum Friedhof!'

Im Tumult griff sich die Trauerfeier Löffel, Messer, Gabeln und Kuchenschaufeln für die Grabung und Exhumierung. Den einzigen Hinterbliebenen in der Gaststube hat angesichts der Rechnung für den Leichenschmaus der Schlag getroffen", beendet der Wirt die Geschichte. „Und wer ersetzt mir nun den Schaden? Bei den Ausgräbern ist nichts zu holen, die Kontennummern waren einfach nicht mehr lesbar."

Saure Bohnen und tausendundein Spätzla

———

Donnerstags um fünf ist Stammtisch in der Wirtschaft „Zum Hasenheim", alle vierzehn Tage, wie gewohnt. Überhaupt ist alles wie in jungen Jahren. Gut, getrunken wird weniger, das schon, Schnaps ist seit Langem verpönt, Politik sowieso, über Frauen ist längst alles gesagt, die Gespräche gehen mehr so in Richtung Blutdruck, Gicht- und Leberwerte, zwei der Herren sind in Rente – Gott ja, die Bedienungen werden auch immer jünger, aber sonst hat sich nichts geändert.

Letzten Donnerstag war der Hubert wieder mal erschienen – sagen wir, er war wieder mal bei uns gelandet; er kam aus dem Iran. An so einem Abend kommt kein anderer zu Wort. Der Hubert ist Ingenieur und schafft bei der Maschinenfabrik Hohler. Der Hohler liefert Pressenanlagen in alle Welt und bis an ihr Ende, und sobald die Kisten dort ankommen, fliegt der Hubert hinterher. Während er dort schraubt, Sand schaufelt und Kakerlaken jagt, hocken wir im „Hasenheim" und blicken stumpfsinnig in unser naturtrübes Bier. So sieht er das wohl.

Nach dem Begrüßungs-Hallo warteten wir auf seinen Bericht, er auf die bestellten sauren Kutteln.

„Endlich, auf die habe ich sechs Monate lang gewartet!", sagte er, als die Bedienung eine Weile später einen Riesenteller Kutteln brachte, und, wie zur Rechtfertigung der Völlerei, dass er halt oft Heimweh in den Gedärmen verspüre – in den Kutteln.

Auch so ein Spruch, den er jedes Mal bringt. Vielleicht meint er, wir würden die Sprüche gleich wieder vergessen, aber so weit sind wir noch nicht.

„Schäne Portion!", sagte der Endres in missbilligendem Ton. Er ist noch ein rechter Schwabe, und der isst nicht warm zu Abend – ein Synonym für ausschweifenden Lebenswandel.

Der Hubert versenkte zwei Löffel Bratkartoffeln im Kuttelteller. „Ihr essat nix? Wie sagt man: Das Auge isst mit. Da beeil ich mich, bevor mir eure Augen meine Bratkartoffeln wegessen."

Wieder so ein Spruch.

„Etz verzell scho, Mann!", sagte der Mattheis.

Das lässt sich der Hubert nie zweimal sagen, einmal ist schon zu viel, eigentlich braucht es gar keine Einladung.

Mit dem Mund voller Kutteln legte er los: „Baustelle wie immer, Fabrik läuft, seit sie steht – altes Witzle! Ja und sonst? Da war so eine Sache, ich weiß auch nicht, ob ich euch das erzählen soll! Letzthin in der Abenddämmerung hatte ich so eine Art kosmischer Eingebung, versteht ihr? Wie soll ich mich ausdrücken, damit ihr's begreift? Ein spirituelles Erlebnis, wenn ihr wisst, was ich meine."

„Ich dachte, Alkohol sei im Iran verboten", sagte der Endres.

„Wir wohnten in einem Dorf in den Hügeln am Kaspischen Meer. Stellt euch vor, ich komme am Feierabend aus der Fabrik, die Antonie legt gerade die Spatzenpresse aus der Hand …"

„Die Schwabenzeitung?", unterbrach ihn der Gerd.

„Quatsch, den Spatzenschwab – der wäre übrigens eine eigene Geschichte wert. Die knallrote Spätzlespresse begleitet mich und meine Frau seit Jahr und Tag um den Globus, zur Verwunderung aller Zöllner. Entdeckt hat die Antonie das Gerät seinerzeit in Abu Dhabi im Schaufenster zwischen dänischen Designermöbeln. Der indische Verkäufer hatte keine

Ahnung, was das ist. Die Antonie hat ihm das so erklärt: ‚This is a swabian sparrow press. We Swabians eat lots of sparrows. We like them with cheese or sour green beans.' Der Verkäufer hat nichts gesagt", erzählte der Hubert weiter, „der hat sich wohl gedacht, Swabians essen gepresste Vögel mit Käse und sauren Bohnen. Wo lebt dieses Volk, diese Swabians?'"

Wieder so eine typische Hubert-Geschichte; man weiß nie so recht, ob er nicht übertreibt. Das heißt, man weiß schon, dass er gerne dick aufträgt, aber nicht wie dick und wann.

„Die Odyssee der Spatzenpresse!", sinnierte er. „Aus dem schwäbischen Fabrikle nach Dänemark, von dort in die Emirate als Ladenhüter zwischen nordische Möbel, von der Wüste zurück ins Ländle, dann nach Sumatra und weiß der Geier wohin, nach Persien und jetzt wieder zurück in seine alte Heimat. Titel der Story: Die Globalisierung am Beispiel der Spatzenpresse!"

Hoffentlich kriegt er bald wieder den Ranken, dachte ich.

„Der Gerd hat mich ganz draus gebracht mit seinem Käsblättle. Also nochmal: Es dampft und duftet in der Küche, die Antonie legt den Spatzenschwab aus der Hand, wir setzen uns an den Tisch, und beim ersten Mund voll saurer Brenneta trifft es mich wie eine Erleuchtung, ein Gefühl der Unbegrenztheit des Seins, ein übermentales Bewusstsein. ‚Mensch, Hubert', sprach eine innere Stimme, ‚du sitzt hier am Kaspischen Meer und isst Spätzla mit sauren Bohnen!'"

Atemlose Stille am Stammtisch, das kommt selten vor.

„Sag bloß." Der Markus findet immer das passende Wort zur rechten Zeit.

„Nochmal", sagte der Hubert, „meine Frau und ich sitzen am Kaspischen Meer und essen saure Bohnen mit Spätzla!"

„Saure Bohnen mit Spatzen gibt's bei uns allbot!", warf ich ein. Ich wollte auch was Substanzielles zum Gespräch beitragen. Unter uns: Schön wär's!

„Ihr habt einfach kein Gespür für Transzendentales!", sagte der Hubert und löffelte seine sauren Kutteln.

Die Bedienung kam und brachte ein dunkles Weizen, zwei Radler mit Schuss und drei Halbe Alkoholfreies, er konnte weiterreden: „Vielleicht muss ich doch etwas weiter ausholen, bis ihr die ganze Tragweite und Einzigartigkeit der Szene erfasst."

Er schob den Brotkorb, den halbleeren Kuttelteller und die Bratkartoffelschüssel in die Tischmitte.

„Passt auf. Stellt euch vor: Der Stammtisch ist die Erde, eine Scheibe, das Weizenbier das Mittelmeer, der Brotkorb der Mittlere Osten, die Gabel der Suezkanal. China läge damit hinter der Speisekarte, da drüben rechts bei der Pfeffermühle der Iran. Die Bratkartoffeln links drüben seien der Hindukusch und der Teller mit den Kutteln das Kaspische Meer. Auf dem Tellerrand, ich meine am Meeresstrand, also vor euren geistigen Augen, da säßen die Antonie und ich, hier beim Löffel, und äßen die sauren Bohnen mit Spätzla."

Wir blickten mit unseren geistigen Augen über die kaspischen Kutteln, das braun schäumende Mittelmeer und das Bratkartoffelgebirge hinter dem Brotkorb.

„Ich sehe niemanden!", warf der Gerd ein.

Der Hubert ließ sich nicht beirren. „So, und jetzt guckt ihr mal über den Tellerrand hinaus, ihr Hockabacher! Könnt ihr irgendwo irgendeinen anderen Saure-Bohnen-und-Spatzen-Esser erkennen? Keinen gell, bis hin zu eurem beschränkten Horizont? Seht ihr, so ist das gemeint! Und was dahinter ist, schauen wir uns jetzt mal an. Wir machen einen Ausflug, im Sitzen, eine interkontinentale Forschungsreise auf der Suche nach sauren Bohnen und Spatzen!"

„Dass ich das noch erleben darf!", freute sich der Endres.

„Vergesset des Bier nicht!", sagte der Markus.

„Nix mit Alkohol, hier ist Persien", sagte der Hubert. „Wir nehmen das bequemste Transportmittel, einen Teppich aus Isfahan, Seidenklasse. Es ist ein alter Teppich, wir müssen ihn kräftig schütteln, damit er anspringt. Inschallah – so Gott will."

„Dein Kaspisches Meer wird kalt", erinnerte ihn der Mattheis, aber der Hubert fuchtelte mit dem Löffel über den Kutteln, also quasi im Luftraum über dem Kaspischen Meer!

„So, take off! Bleibt auf dem Teppich, wir fliegen mit 180 Knoten am Elbursgebirge entlang in Richtung Westen und blicken in die persischen Tiegel und Töpfe: Saure Bohnen sind ebenso wenig zu erkennen wie Spätzla. Bitte keine Pistazienschalen nach unten werfen! Am Horizont taucht der Berg Ararat auf, wir machen Station in Anatolien und stellen fest: Es werden keine sauren Bohnen und Spätzla gekocht, denn auch der anatolische Bauer isst nichts, was er nicht kennt. Dann schwenken wir nach Norden, machen eine Zwischenlandung in Armenien, und fragen Radio Eriwan, ob man in diesem Lande Spatzen esse. Radio Eriwan antwortet: ‚Im Prinzip ja! Aber da unsere Jäger mit Kanonen auf Spatzen schießen, bleibt nicht viel zum Essen übrig.'"

Auf unserem Rückflug von Armenien kreuzten wir die Seidenstraße, dann drangen wir in turkmenisches Hoheitsgebiet ein und spähten aus der Spatzenperspektive in die Schüsseln: Ein rechter Turkmene – Spätzla! Das isst der nicht! In Usbekistan machten wir eine Zwischenlandung in der alten Stadt Samarkand. Von Samarkand aus flogen einst die Teppiche in tausendundein Nächten über Bagdad nach Basra.

„Grausig diese Märchen!" Ich wollte auch wieder mal was beitragen. „Die Shehrezade kämpft jede Nacht um ihren Hals, Räuber werden in kochendem Öl gesotten ... barbarisch."

„Ach was", widersprach mir der Markus, „lies mal Hänsel und Gretel!"

„Wollt ihr wissen", fragte der Hubert, „ was sich wirklich zugetragen hat in der ersten der tausendundein Nächte? Ja! Die Schehrezade erzählte dem Herrscher von geheimnisvollen Spatzen aus dem Okzident. Und als Schehrezade die ersten Strahlen der Sonne erblickte, hielt sie in der verstatteten Rede an und sagte: ‚O mein vieledler Gebieter, geruhet mein Leben zu schonen, auf dass ich Euch ein königliches Mahl bereite – schwäbische Spatzen, handgeschabt vom Brett.' König Scheh rijar verkostete die exotische Speise, sein Herz ging auf und wurde so weich wie die Spätzla. Er schenkte der Köchin die restlichen tausend Nächte und das tägliche Leben dazu. Fortan stand Schehrezade in der Küche des Palastes und rührte den Spatzenteig statt den König! So war's, lasst euch keine Märchen erzählen!"

Der Hubert ist ein begnadeter Märchenerzähler. Das sagt seine Frau, und die muss es ja wissen.

„In den Teig muss ein Schuss Sprudel." Der Mattheis kocht seit der Rente. „Auf meiner Küchenschurz steht:
‚Willst Du die Spätzla luftig, locker und weich,
dann nimm genug Eier und Sprudel zum Teig!'"

Der Hubert nahm den Löffel wieder auf, sprich den Steuerknüppel. Wir flogen in Richtung aufgehende Sonne, in die unendlichen Weiten der asiatischen Steppen und lauschten unserem Reiseleiter. Wir steckten unsere Langnasen in die

Küchenjurten, und isst schon der einfache Kirgise keine sauren Bohnen mit Spätzla, so hätte der Tadschike bereits gegessen, bekäme er solche nur zu Gesicht. Der Blick unserer geistigen Augen ging über schneebedeckte Gipfel und in bohnenlose Tiefen und schon überquerten wir den Hindukusch.

„Die kalten Bratkartoffeln", korrigierte der Endres.

Wir schrammten im Tiefflug über die Chinesische Mauer – Spätzla mit Stäbchen, nie und nimmer –, ließen Afghanistan hinter Pakistan liegen und fragten einen Inder nach sauren Bohnen und vegetarischen Spatzen. Letztere seien völlig unbekannt im Lande. Dann ging's nach einer Steilkurve gen Arabien. Die Jemeniten kauten zwar, aber keine Spätzla, sondern Quat. Von Sana aus überflogen wir das Rote Meer, peilten die Pyramiden an und stürzten uns in die brodelnden Küchen Kairos, aber nirgendwo mischten sich die Wohlgerüche orientalischer Köstlichkeiten mit dem Duft saurer Bohnen. Vielleicht ist das alte Wissen um die klassische Küche Ägyptens ganz einfach versandet – was Oma Hatschepsut noch wusste! Aber auch zwischen den Mumien im Ägyptischen Museum wurden wir nicht fündig. Bei keiner archäologischen Grabung konnten wohl bis anhin irgendwelche Artefakte geborgen werden, die auf einen frühen Genuss von sauren Bohnen mit Spatzen Hinweis gegeben hätten, erfuhren wir vom Hubert.

Wir bogen nach Norden, kreisten bei unserer Vogelschau über dem Heiligen Land und folgten dem Hubert bei einem Abstecher ins Alte Testament, Erstes Buch Mose. Frage, Leute: „Als Esau bei den Jakobs einkehrte, was setzte Rahel dem Schwager vor? Na also, keine Bohnen, Linsen, ein Linsengericht! – Das mit den Mumien und der Bibel war etz a Spässle!", setzte er hinzu. Da wären wir nicht drauf gekommen.

„Ich mach die Linsen in einer hellbraunen Mehlschwitze." Der Mattheis griff das Thema auf. „Mit fein geschnittenen Zwiebeln, Salz, Lorbeerblatt, Fondor und Zitronensaft. Die Linsen über Nacht einweichen, nicht vergessen."

„Die Linsen von der schwäbischen Alb nicht", widersprach der Markus.

„Die heißen dort Laisa!" Meine Familie kommt von der schwäbischen Alb. „Laisa klingt doch ganz orientalisch? Gell Hubert!"

Durch Duftwolken von Couscous und Hammel schwebte unser Teppich über die Levante und den Maghreb. Endlich hieß es „anschnallen", Landung – tosender Beifall wie im Urlaubsflieger.

„Guter Flug, gell!"

Nach einem kräftigen Schluck zog er Bilanz. „Ihr könnt mir glauben, Leute, ich habe Landkarten studiert, ausgemessen, Enzyklopädien gewälzt, geforscht und alle Daten belegt. Innerhalb eines Areals von 5500 Kilometern Durchmesser um unsere iranische Küche herum gibt es keine sauren Bohnen mit Spätzla essenden Menschen. Rechne mal einer bitte, auf dem Bierdeckel."

„Der Gerd soll rechnen, der hat das Abiturium!", sagte der Endres. „Und einen Rechner auf dem Handy."

„Wir nehmen die Strecke von 5500 Kilometern zwei Mal hoch und einmal mit Pi. Dann teilen wir das Ergebnis durch vier, hosch es?"

„20 Millionen Quadratkilometer!"

„Zwanzig mit sechs Nullen hinten dran! Das ist fast dreimal die Fläche Australiens! Stellt euch vor, inmitten der unermesslichen Weite Dreimalaustraliens sitzen meine Frau und ich und essen als Einzige saure Bohnen mit Spätzla. Mir läuft es jetzt noch kalt den Buckel runter, aber es kommt noch dicker: In den überflogenen dreißig Ländern leben geschätzte drei Milliarden Menschen. Und unter drei Milliarden Menschen nur zwei, zwei gotzige, die Antonie und ich, die saure Bohnen und Spätzla essen!"

„Seit über viertausend Jahren."

„Alhamdulillah", sagte der Hubert, „der Markus hat's verstanden. Die Antonie und ich beantragen nun einen Eintrag ins Guinnessbuch der Rekorde als die einsamsten Saure-Bohnen-mit-Spätzla-Esser der Welt. Und wenn's diesmal nicht klappt: Meine nächste Baustelle ist Karatschi, da macht die Antonie Kässpätzla, oder im Jahr drauf Krautschupfnudeln auf Sansibar."

Der Mattheis wollte noch was Wichtiges über Schupfnudeln sagen, aber da mussten wir heim zur Sportschau.

Das Wichtigste ist die Nachspeis

Donnerstags um fünf ist Stammtisch in der Wirtschaft „Zum Hasenheim" – alle vierzehn Tage. Wir haben Verstärkung bekommen, Hubert, der Zugvogel, ist seit einem halben Jahr in Rente, etwas vorgezogen. Endlich – was für ein Leben, sagt er seitdem. Die Bude fehle ihm nicht im Geringsten, sagt er. Letzten Donnerstag hat er sich verplappert. Bei der Firma habe er vorbeigeschaut, bloß halt mal Grüß Gott sagen und Hallo und fragen, wie's denn so läuft, mal einen Tipp geben.

„Auch ins Montagebüro habe ich die Nase gesteckt. In meinem Sessel saß ein junger Mann, so ein nassforscher. Der wusste schon alles. Das ist schön, wenn einer schon alles weiß. Beim Weggehen hör ich noch, wie er den Bürokollegen fragt: ‚Wer war denn der Zausel?'"

Der Hubert hat gemerkt: Es geht ohne ihn. Das freue ihn, sagt er. Obwohl, gerne sei er schon rausgefahren, weg von uns Hockabachern in die weite Welt hinaus, nach anderswo, und dann bringt er immer gnadenlos seine fünf Globetrottersprüche:

„Erstens: Überall auf der Welt leben Menschen.

Zweitens: Alle Menschen sind gleich.

Drittens: Fast!"

Dann kommt: „Überall menschelet es."

Und zum Abschluss seine liebste Weisheit: „Der Anteil von Schafseckeln an der Bevölkerung ist weltweit konstant!"

Wie die Bedienung unsere sauren Linsen mit Spätzla und Saitenwürstla brachte und die sauren Kutteln, griff er das Thema Köche und Baustellenkantinen auf. Wir ließen ihn reden und konnten so in Ruhe essen.

„Ich habe auf den Baustellen Meisterköche kennengelernt, Leute die in Speisetempeln mit vielen Sternlein gekocht haben. Vom Hindukusch bis nach Indonesien, von Syrien bis zum Persischen Golf, mir hat es in den Baukantinen überall gut geschmeckt, bisweilen ausgezeichnet. Es waren durchwegs starke Typen, die hinter dem Herd standen – aber manchen fehlten ein paar Tassen, und fast alle hatten einen Sprung in der Schüssel, um bildlich in der Küche zu bleiben. Das muss wohl so sein, die anderen blieben halt daheim und kochten im ‚Rebstock‘, im ‚Grünen Baum‘ oder im ‚Goldenen Ochsen‘. Der Manfred auf unserer Baustelle in Deir ez Zor, in Syrien – der fällt mir halt gerade ein –, der hatte vorher für seine österreichischen Blauhelme auf dem Golan gekocht, im Unterstand: ‚Immer al dente, meine Spaghetti, auch wenn die Granatäpfel einschlugen!‘

Vor den Golanhöhen war er Souschef in der ‚Drachenburg‘ in Gottlieben gewesen – mein lieber Scholli. Von Syrien ging er in den Irak. Ein großer Erzähler vor dem Herrn. Blieb man nach dem Abendessen in der Kantine hängen, dann setzte sich der Manfred gern an den Tisch und erzählte, gegen wen er alles schon gekocht hatte, da gab's kein Entrinnen. Wenn er in Stimmung war, warf er zu später Stunde nochmal den Herd an und brutzelte was Köstliches. Einmal haben wir alle gerätselt, was er uns da aufgetischt hatte – habt ihr in eurem Leben noch nicht gegessen.“

„Mach's nicht so spannend“, sagte der Mattheis.

„Wart doch. ‚Verstengen's, meine Herrn‘, so fing er immer seine Reden an, obwohl wir ja alle per Du waren, ‚ane Baustölln in der Wüste oder im Dschungel oder sonst wo am Ende der Welt ist wie ein Schiff auf hoher See, verstengen's? Die Mahlzeiten strukturieren den Tagesablauf, die Leut' haben ja außer der Arbeit keine Abwechslung. Und is des Kraut versalzen, dann meutern die Leut' wie auf der Bounty, dann fliegt dem Koch das Gsölchte um die Ohren!'"

„Schwätz Schwäbisch, Hubert", bat der Endres.

„Recht hatte er", fuhr der Hubert fort. „Was sollten die Leute auch machen! Wem es daheim im ‚Rebstock' nicht schmeckt, der geht halt am nächsten Sonntag in den ‚Grünen Baum', und wenn im ‚Grünen Baum' das Fleisch trocken, die Soße kalt und die Nudeln lätschig sind, bleibt er fortan zuhause. Er hat ja die Wahl.

‚Essen tut a jeder, also ist a jeder a Fachmann', war so einer seiner Sprüche. Wir hatten Hunderte Fachleute aus einem Dutzend Herren Länder und ebenso vielen Regionen. Alle wollten satt und zufrieden vom Tisch aufstehen – wie sollte das gehen? Es kam auf den Abschluss an, auf den Nachtisch – eine Wiener Mehlspeis besänftigt alle Gemüter.

‚Möhlspeis', wie der Manfred sagte. Sein Dogma: ‚Das Wichtigste am Essen ist die Nachspeis!'

Und so genossen wir in der Wüste Apfelstrudel, Topfenpalatschinken, Buchteln und Powidltascherln – wo der den Powidl wohl herhatte?"

„Den was?"

„Den Powidl, sag ich doch. Was für ein schleckiges Volk stand da nicht Schlag zwölf mit dem Tablett in der Hand, wenn der Rollladen hochging", erzählte der Hubert weiter. „Die Italiener erwarteten zweimal täglich Nudeln, die Schweizer Rösti und Kalbsvoressen, die Österreicher ein Saftgulasch, der Balkan angebranntes Fleisch mit rohen Zwiebeln und dicke Bohneneintöpfe, die Finnen riefen nach Suppe mit Butterbrot, den anarchischen Spaniern passte die ganze Richtung nicht, die Ansprüche der von ihren heimischen Gaumenfreuden verwöhnten Engländer zu schildern, würde den Stammtischrahmen sprengen, die Franzosen mäkelten an allem herum, die Norddeutschen murrten über Nudeln, aßen aber stoisch alles, und hatte es doch einmal allen richtig gut geschmeckt, dann hielten sich alle an unser schwäbisches Motto: Nicht geschimpft ist genug gelobt!

Kurz und gut, wer auf die Minute ein Essen zubereiten muss für einen Heerhaufen schwitzender Gourmets und Gourmands aus aller Köche Länder, der hat bereits den vorerwähnten Sprung, oder es macht nach kurzer Zeit ‚bing'. Oder er wird schwermütig, gerät an die Flasche und verliert den Glauben an das Gute im Monteur. Und keiner macht ihm eine Mousse au chocolat für die Seele!

Wie sagte der Manfred: ‚Wenn dann einer wieder mal über den Tresen meckert – wehe, ich sage was! Die Hitze macht aggressiv, in heißen Ländern brechen die Revolutionen im Sommer aus!'

Die Versorgung vom lokalen Markt war ein Kunststück. Großteils ließ sich der Manfred die Lebensmittel von Händlern anliefern, deren kreative Preisgestaltung er von Zeit zu Zeit überprüfte. Die Händler wechselten häufig. Am Schwierigsten war der Kauf von Rindfleisch, das machte er selbst, ging persönlich zu den Metzgern, zum Fleischhauer, wie er sagte. Man muss wissen, dass die Metzger in dieser Weltgegend die Kühe einfach kreuz und quer in handliche Stücke zerhacken, ohne Rücksicht auf die Anatomie. Rindfleisch hat keine Tradition, sollte tagelang abhängen, und früher gab's keine Kühlung. So bekommt der erste Kunde bestes Filet, der nächste Sehniges von den Hinterläufen, wenn er sich nicht wehrt, der dritte Siedfleisch, alles zum selben Preis – frisch geschlachtet.

‚Es ist zum Weinen', sagte der Manfred immer. ‚Das feinste Lammfleisch gibt's im Souk zu kaufen – Lamm muss nicht hängen –, Lammkoteletts, Rücken, Schulter, Lammkeule. Aber bei Lamm rebellieren die Piefkes, die essen kein Lamm.'"

„Als ich in der Lehre war", unterbrach ihn der Gerd, „da gab's in der Werkskantine allbot Hammel mit grünen Bohnen – das hat gebockelet bis zum Werkstor, ich ess kein Schaf, pfui Deifel!"

„Lamm, ich rede von Lamm, Lamm! Du bist ein hoffnungsloser Fall, Gerd. Aber was der Piefke nicht kennt ...

Ich wollte euch schwäbischen Piefkes eigentlich Folgendes erzählen: Was der Manfred da eines späten Abends gebrutzelt hat, in Knoblauch und provenzalischen Kräutern, Schuss Wein drüber ... Die Dinger sahen aus wie Pilze, waren aber keine Pilze, schmeckten nach ... ich weiß nicht, jedenfalls hatte es noch keiner am Tisch vorher gegessen. Wir haben die Pfanne mit Brot ausgestrichen und die Finger geleckt."

„Und?"

„Halt was vom Hammel – ohne das der Hammel kein Hammel wär. Hosch mi?"

Die siebenerlei Leut' von Röthenbronn

Adam erwachte und erblickte Eva.
„Mein Gott", sagte er, „a Reigschmeckte."

Die Geschichte fängt mit einem Ende an, dem Lebensende des Ignaz Johann Wigratz. Die Trauergemeinde war soeben, vom Röthenbronner Friedhof kommend, im Gasthof „Zur Sonne" eingetroffen – Gemeinderäte, Honoratioren, ehemalige Angestellte und Arbeiter der Wigratzschen Betriebe, Mitglieder der Theatergesellschaft und der Freiwilligen Feuerwehr, Nachbarn und die üblichen Wunderfitzigen. Ignaz Johann Wigratz: Unternehmer, Mäzen, Sponsor der Sänger, Narren, Reiter, Schau-, Schach- und Skatspieler, um nur einige zu nennen. Der Wigratz war ein begnadeter Tüftler und baute nach dem Krieg eine Tomatenspiralstangenfabrik auf – rechts- und linksdrehend –, ein Sägewerk für Bohnenstangen, machte eine Stange Geld – ortsüblicher Kalauer –, wurde steinreich und ebenso alt. Als seine Frau nicht mehr war, wurde der alte Herr etwas wunderlich, Sie werden gleich sehen. Die Firma verkaufte er vor Jahren mangels Nachkommen an einen Investor, der wiederum versilberte das Unternehmen samt Liegenschaften, so waren dann zwei reich geworden.

Am Montag also war der Wigratz gestorben – verstorben. So ein bedeutender Mann stirbt nicht, der verstirbt.

Am Stammtisch in der „Sonne", rechts vom Eingang, saßen bereits die drei Herren Maier und Frau Majella Maier. Majellas Mann ist von Beruf Schulleiter, Theaterleiter aus Berufung. „Theater ist meine Leidenschaft", sagt er, „Leiden und Schaffen." Am Ort heißt er nur der Theatermaier. Gerne und oft sagt er: „Das Bauerntheater ist die Fortsetzung des häuslichen Theaters mit anderen Mitteln." Seine Frau Majella pflichtet bei: „Jeden Tag eine andere Komede."

Neben dem Ehepaar Maier saßen der Kirchenmaier, auch er im Schuldienst, mit Missio Canonica, und der Wirtschaftsmaier. Der Wirtschaftsmaier heißt so, weil er nicht so oft in die Kirche geht, sondern in die Wirtschaft. Der Kirchenmaier saß ausnahmsweise – quasi von Amts wegen – am Stammtisch, er hatte georgelt und die Grabrede gehalten.

Neben den Kirchenmaier hatte sich der Häfele gesetzt – Kaufhaus Häfele in fünfter Generation. Beim Häfele gibt es Butter und Wurst, Bücher, Socken, Rosenkränze, Heftpflaster und Arztromane, Nastücher, Mausfallen und Käse, Mottenkugeln, Fliegendatscher und Gummibärchen – beim Häfele gibt's alles, und wenn nicht, ist es „auf der Bahn". Die Bahn hält schon lange nicht mehr am Ort, aber der Spruch vom alten Häfele ist geblieben.

Wie gewohnt, hatte auch der Ammann am Tisch Platz genommen, Gemeinderat der Mehrheitsfraktion und ortsansässiger Notar. Der Ammann führt stets § 24 der Württembergischen Gemeindeordnung im Mund, der da heißt: Der Gemeinderat ist das Hauptorgan der Gemeinde. Nach der vierten Halben lockert sich beim Ammann gern die Zunge und eine Schraube, dann witzelt er über die anderen Organe der Gemeinde – Hirn, Herz, Leber, je später der Abend, desto weiter unten.

Mit zum Stammtisch gehört auch der Schreinermeister Zanolla. Passend zur Krawatte und zum Anlass hatte er sich heute ein schwarzes Bockbier bestellt. Wenn er bereits am helllichten Nachmittag um fünf seine Werkstatt abschließt und rüber in die Wirtschaft geht, sagt der Meister zur Bedienung: „S'Holz schaffet". Als ob er sich vor der Karola für den frühen Feierabend rechtfertigen müsse. Dann klopft er mit den Knöcheln auf den Tisch und sagt: „Bin so frei." Er ist bei den Freien Wählern.

Die Gisella Potmesil-Schmied, Neubürgerin – sie hat vor zwei Jahrzehnten in den Schmiedschen Biohühnerhof eingeheiratet –, ist die Gemeinderätin der Grünen. Der Schwerle Heribert, Maler und Bildhauer mit ledernem Trapperhut, saß neben ihr am Fenstertisch. Er steht der Gisella politisch nahe – mindestens, munkelt man. Den Hut legt der Schwerle nur in der Kirche ab, also eher selten. Beim Theater ist er für Requisiten, Bühnenbild und Kostüme zuständig. Weiters hockte an dem Ecktisch der Schriftsteller Schorsch Simon, noch so ein Kulturschaffiger. Fragt man ihn nach seinem Gewerbe, sagt er: Schrift-, Bitt- und Fallensteller. Die drei sind ein gebildeter Tisch.

Hinten in der Gaststube, aber keineswegs bildungsfern, saßen der Bauer Huonker und der alte Wickenthaler Johann, als Einziger der bisher Genannten nicht in Vorstand, Beirat oder Kuratorium der Theatergesellschaft. Die zwei reden nicht viel, sie denken sich lieber ihr Sach. Der Bürgermeister, sonst vorn am Stammtisch, hatte sich notgedrungen dazu gesetzt, denn das Wirtshaus war voll bis auf den letzten Stuhl, und selbst der war besetzt.

Der Gasthof „Zur Sonne" leuchtet mit seinen gefühlten – oder besser gesagt geschmeckten – vier Sternen über den Allgäuer Drumlins. Berühmt ist die „Sonne" für ihre sauren Linsen mit Saiten, den Schwarzwurstsalat, die lockeren Kässpätzla und die panierten Schnitzel, groß wie Abortdeckel – Verzeihung.

„Endlich mal was Guats", sagen die einen, „endlich mal gnuag", die anderen. In der Küche hängt ein Schild: „Guat gnuag isch it gnuag guat".

Beim Leichenschmaus kommen traditionell Nackete auf den Tisch. Das ist in Oberschwaben so Sitte. Nackete sind Geschlagene, Bratwürste ohne Haut eben. Dazu saftiger Kartoffelsalat – en Grumbirasalat muss beim Anmachen schwätzen, sagen die Schwaben – und braune Soße. Auf die braune Soße kommen wir später nochmals zu sprechen, aber nur kurz und eher im historischen Sinne.

Getränke, Wurst, Wecken und Salat, alles umsonst, der Wigratz zahlte – wenn auch posthum.

Nachdem sich das Teller-, Messer- und Gabelgeklapper gelegt hatte, erhob sich der Notar Ammann und bat die verehrten Anwesenden um einen Augenblick der Ruhe, er habe eine wichtige Mitteilung betreffs des Nachlasses des verehrten Verstorbenen zu machen. Dass nämlich der Ignaz Wigratz der Gemeinde und der Theatergesellschaft sein gesamtes Vermögen vermacht habe, zwei Millionen Euro.

„Ja leck doch..."

„Alfons, bitte!"

„Aber passet auf." Der Notar hob seine Stimme, dass man es bis in die Nebenräume hörte. „Das Erbe ist an die Auflage gebunden, ein Theaterstück über Röthenbronn aufzuführen, bei dem, jetzt kommt's, nur reigschmeckte Röthenbronner mitspielen dürfen. Wörtlich: nur reigschmeckte." Die Theatergesellschaft erhalte eine Spende von 100.000, die verbleibenden 1,9 Millionen würden zu gleichen Teilen an die Mitwirkenden ausbezahlt. Jeder und jede Reigschmeckte, wohnhaft in Röthenbronn, könne teilnehmen. „Kommt aber binnen eines Jahres keine Aufführung zustande, fließt der Gesamtbetrag ans Tierheim von Wangen, und zur Klarstellung für die Betroffenen: Reigschmeckte sind Hereingeschmeckte!"

Nach der Rede war es totenstill, man hörte ein Bierglas umfallen, leises Fluchen, Papiergeraschel. Die Gäste im Hinterzimmer hatten den Betrag nicht recht verstanden, weil man eben nicht gut zuhören und zugleich mit dem Nachbarn schwätzen kann. Der Ammann hatte auch etwas genuschelt wegen der Aufregung oder den drei Halben, er wiederholte: „Zwei Millionen – falls keine Aufführung, geht alles ans Tierheim, dann kriegt niemand was."

Als Erster fand der Häfele seine Sprache wieder: „Der lacht sich grad nochmals tot, im Sarg."

„Herr Häfele, ich muss schon sehr bitten", empörte sich der Kirchenmaier.

Am Nebentisch flüsterte der Bürgermeister zum Huonker, aber so, dass man es deutlich hören konnte: „Das war kein Letzter Wille, das war eine letzte Bosheit."

Der Huonker sagte: „Der hat uns alte Röthenbronner nie leiden können."

Aus dem Nebenzimmer war eine Frauenstimme zu vernehmen: „Halt doch an Reigschmeckta."

Am Stammtisch ergriff der Kirchenmaier das Wort: „Ich versuche, den Ignaz zu verstehen. Sein ganzes Leben hier in Röthenbronn, ein halbes Jahrhundert, hat er nie so recht dazu gehört. Der Badenser halt, der Gelbfüaßler. Dabei war er Mitglied in zwanzig Vereinen und hat gespendet auf Teufel komm raus – Entschuldigung. Bis an sein seliges Ende fühlte er sich nicht ganz angenommen, nicht daheim. Er war und blieb eben ein Zugereister. Im Grunde war die Reise nicht der Rede wert gewesen, Südbaden, keine zweihundert Kilometer von hier."

„Hundertneunundneunzig zu viel", sagte der Wirtschaftsmaier. „A rechtes Schwäbisch hätt er halt lernen sollen. Wenn einer Schwäbisch schwätzt, ist er ums Nummgucka kein Reigschmeckter mehr."

Als der Zanolla noch eins draufsetzte: „Dazu noch wüaschtgläubig – reigschmeckt war ihm scheint's z'wenig", platzte dem Kirchenmaier das Kragenknöpfle.

„Schämen Sie sich, meine Herren", sagte er, stand auf, nahm seinen Hut vom Haken und ging.

Wüaschtgläubig ist evangelisch, aber das wussten Sie vielleicht schon, wüascht bedeutet unschön.

Die Karola stapelte die leeren Wurstplatten, schleppte Biere, Viertele und Achtele an die Tische in der Gaststube und ins Nebenzimmer, die zwei Millionen Euro und der Trollinger erhitzten die Gemüter, die Krawatten sanken auf Halbmast, die Stimmung stieg, es wurde ungebührlich laut. Schnell übertrafen die roten Nasen die wenigen geröteten Augen, rein stimmungsmäßig driftete der Leichenschmaus in Richtung Rettichfest, freilich ohne Musik.

Der Ammann seufzte: „Ein Haufen Heu – leider bin ich kein Reigschmeckter."

Der Häfele erzählte, was sattsam bekannt war und sowieso jeder wusste und keiner mehr hören mochte, dass nämlich sein Ur-Ur-Näne vor 125 Jahren die Kolonialwarenhandlung Ulrich Christoph Häfele gegründet habe, die Häfeles seien weiß Gott Alteingesessene, wofür sie nunmehr vom Wigratz abgestraft würden – post mortem. Der Häfele hat die Mittlere Reife.

Der Theatermaier machte beim Aufstehen ein Späßle: „Wenn ich mich so umschaue, sehe ich überhaupt nur zwei Reigschmeckte: den Zanolla und die Gisella." Und mit Blick auf die beiden: „Apropos Theaterstück: Wie wär's mit Romeo Zanolla und Gisella Capulet?"

Zwischen der vierten und fünften Halben versteht der Zanolla überhaupt keinen Spaß. Die Zanollas seien vor 150 Jahren aus Verona nach Röthenbronn gekommen, 25 Jahre bevor der Häfele seinen Bauchladen aufgemacht habe. Seit 150 Jahren seien die Zanollas hier in Röthenbronn, alter Adel, aber scho!

Der Häfele hatte den Bauchladen nicht gehört, er verhandelte mit der Karola um ein letztes dunkles Weizen. Der Theatermaier entschuldigte sich beim Zanolla, er habe das doch ganz anders gemeint, jeden Herbst fahre er zur Olivenernte in die Toskana. Das war nun erst recht daneben, und so trat er den Rückzug in Richtung Fenstertisch an.

„Etzet Simon", sagte er und klopfte dem Schriftsteller auf die Schulter, „wo bleibt das Zweimillionenstück für zwei Personen? Bleistift spitzen, Schorsch."

Die „Sonne" leerte sich, die Karola kam zum Schtuala, will heißen, sie riss die Fenster auf, drehte die Stühle um und knallte sie mit der Sitzfläche auf die Tische, es wurde ungemütlich, die heilklimatische Bioluft wehte in den Wirtsraum und verdrängte die gut durchgeatmete Wirtschaftsluft.

Als Letzter verließ der Theatermaier die „Sonne" und hatte als Lehrer das letzte Wort: „Wir vom Theater nennen das ein Danaergeschenk."

Erste Sitzung

Falls Sie im Verein mitmachen wollen: Die Sitzungen der Theatergesellschaft finden im Nebenzimmer der „Sonne" statt.

Der Theatermaier eröffnete die erste erweiterte Vorstandssitzung nach der Trauerfeier. Einziger Tagesordnungspunkt: das Vermächtnis des Freundes und Gönners Ignaz Wigratz. Er bat die Anwesenden sich zu dessen Gedenken zu erheben. Die Theatergesellschaft sei nun gefordert und könne sich wieder setzen. Zunächst brauche man ein Stück für sieben Personen. Ja, sieben!

An dieser Stelle bleibt nachzutragen, dass sich beim lärmenden Abgang der Trauergäste sechs Bürger aus dem Nebenzimmer beim Theatermaier gemeldet und sich in gehobener Stimmung erkundigt hatten, wann denn nun das Theater losgehe und wo sie das Geld abholen könnten.

„Sieben Reigschmeckte", teilte er den Versammelten mit, „einschließlich Frau Potmesil-Schmied."

„Also Simon, kein Zweierstück, siebene auf einen Streich, schreib irgendwas mit sieben, sieben Schwaben, sieben Raben, Zwerge, Goißla, Jahre, fette, magere, Weltwunder."Der Simon ist im Westlichen Allgäu ein berühmter Krimiautor, er schreibt Westallgäukrimis – West Allgay Crime Novels. Sein letztes Buch, ich meine das jüngste, heißt „Die verdruckten Allgäuer" – verdruckt im Sinne von zerquetscht. Der Krimi handelt von sechs Allgäuern, die in einer Karosserie-Schrottpresse flach verdruckt werden, gewissermaßen vermatscht – verdätscht halt. So was schreibt der, und wenn er ausgeschrieben hat, geht er in die Wirtschaft und bestellt sich einen Schwartenmagen mit Bratkartoffeln, so ein Charakter ist der Schorsch. Aber scheint's lebt er nicht schlecht von seinen Leichen.

Der Simon sagte, wenn er recht verstehe, seien Romeo und Julia ja wohl out; er habe sich allerdings, was die Sieben angehe, unterdessen erste Gedanken gemacht, während andere Leute redeten. Seit Langem ruhe sanft in seiner Schublade ein sozialkritisches Stück mit dem Titel „Die siebenerlei Leut' von Röthenbronn". In dem historischen Drama gehe es um die Leute auf der untersten Stufe der dörflichen Hierarchie, die Fresskänntleschträger. Es sei ein aufwühlendes, geradezu aufrüttelndes, revolutionäres Stück über das kämpferische Proletariat, er sehe sich da ganz in der naturalistischen Schule Gerhart Hauptmanns oder Émile Zolas.

Immer schön bescheiden, der Schorsch.

Die Potmesil-Schmied wollte wissen, was denn ein Fresskänntleschträger sei.

„Das waren die Arbeiter im Sägewerk und in den anderen Betrieben", erzählte der Simon. „Die Fresskänntleschträger nahmen ihr Mittagessen im Känntle mit zur Arbeit. In der Mittagspause haben sie das Essen im Wasserbad aufgewärmt, Gulasch, Gaisburger Marsch und so. Der alte Wickenthaler war einer der letzten Fresskänntleschträger. Aber als er zum Vorarbeiter aufgestiegen ist, mochte er sein Känntle nicht mehr selber tragen. Die Leidtragende, beziehungsweise Fresskänntlestragende, war seine Frau. So verändert der soziale Aufstieg das Bewusstsein, das ist die Botschaft. Die Wickenthalerin hat ihrem Mann jeden Tag das Känntle ins Sägewerk gebracht. Und zwar über die Wiese und durch die Röthenbronner Ach, unterhalb vom Mädlesbad – je nach Jahreszeit trockenen Fußes, wenn's geregnet hatte, von Stein zu Stein hüpfend, nach einem Platzregen ist sie gegen die Strömung gewatet. Nein, durch die Ach geschwommen ist sie mit dem Gaisburger Marsch nicht, das würdet ihr mir nicht abnehmen. Im Winter musste sie wohl oder übel über die Brücke beim Buabebad, das ist zehn Minuten weiter."

Die Potmesil-Schmied stoppte den Redefluss – was es denn mit den restlichen sechserlei Leut' auf sich habe?

Der Wirtschaftsmaier mischte sich ein. „Lass mich als Alteingesessenen mal erklären, Simon. Vor dem Ersten Weltkrieg gab's in Röthenbronn noch die altbewährte Ordnung. Der Fürst im Schloss, die Herrschaft, dann kamen die Hofbeamten, die waren die Obrigkeit, danach folgten der Hofkaplan und die Leute vom Forst und den Domänen. Der Doktor, der Veterinär, der Apotheker und der Oberlehrer, der fünfte Stand sozusagen, die saßen hier in der ‚Sonne' am Stammtisch. Wenn man nix mitkriegen sollte, redeten sie Lateinisch untereinander, hat mir mein Großvater erzählt. Nach dem vierten Viertele sangen die Herren ‚O alte Burschenherrlichkeit' und riefen ‚Fiducit'. Vor der Polizeistunde rezitierten sie Wirtinnenverse, selbige aber auf Deutsch. Mein Urgroßvater und der damalige Bürgermeister saßen mit am Stammtisch, sie konnten das Lateinische nicht, aber mitsingen. Die Bauern und Schräppeler standen an vorletzter Stelle und die Fresskänntlesträger an letzter. So war's, und jeder hatte seinen gottgewollten Platz. Dann kamen Versailles und die Kommunisten und die Sozen und die Revolution und heute sitzt jeder im Parkett in der ersten Reihe und will mitreden und alles umsonst. Wir werden schon noch sehen, wohin wir mit der

Gleichmacherei kommen, und mit den Roten, Grünen und reigschmeckten Farbigen und Flintenweibern."

Die Potmesil-Schmied fuhr dazwischen, der Maier solle sofort mit seinem reaktionären Geschwätz aufhören. Der griff sich einen Bierdeckel und rechnete: „Zwei Millionen Euro, hunderttausend weg für das Theater, das Ganze durch sieben, mein lieber Scholli, für jeden a Häusle."

„Mit den Hunderttausend wäre der Verein auf einen Schlag schuldenfrei", sagte der Theatermaier. „Meine Damen, meine Herren, der Theaterverein ist in der Pflicht, sonst gehen die hunderttausend Mäuse ins Tierheim."

„Als Hundefutter", schimpfte der Huonker. „Dieser reigschmeckte alte Pfeffersack."

„Hunderttausend Mäuse für die Katz", sagte die Majella.

Der Kirchenmaier bat, den alten Sack zurückzunehmen. „Ich war ja hin und wieder zu Gast im Hause Wigratz."

„Hört, hört!"

„Die erste Zeit hier muss schlimm für ihn gewesen sein, die Blicke und das Getuschel. Aber es ging ihm immer noch besser als den Heimatvertriebenen und Flüchtlingen oder den Ausgebombten während des Krieges, den ‚Bombenweibern' und ihren Kindern mit den Margarinegesichtern. Die wurden erst recht nicht mit dem Fanfarenzug empfangen. Widerwillig hat man die im Schuppen oder überm Kuhstall einquartiert. ‚Man' waren nicht alle, aber die meisten. Gewundert hat die Dörfler bloß, dass die Fremden so gut Deutsch konnten."

Es ging unfriedlich zu – der Krieg kam erst nach dem Krieg so richtig ins Allgäu.

Der Wirtschaftsmaier sagte, das sei nun alles schon lange her, und, was er wisse, sei es so dramatisch auch wieder nicht gewesen. Den von ihren Rittergütern Vertriebenen habe man den Lastenausgleich wie Puderzucker in den Arsch geblasen.

„Mit dem Strohhalm", bestätigte der Huonker.

Einmal müsse Schluss sein, sagte der Wirtschaftsmaier, da sei nun genug Gras drüber gewachsen, hundert Mal gemäht und gheibet. Was allerdings den Fanfarenzug angehe, den hätte der Wigratz auch gar nicht erwarten dürfen, der sei erst 1974 gegründet worden.

„Was wollte der eigentlich in Röthenbronn?" wollte der Huonker wissen. Der Häfele wusste es: „Der Grund war die Marie, seine spätere Frau."

„Andersrum, meine Herren, die Marie hatte einen Grund." Der Schwerle ist halt ein Spötter. „Hinten am Rempertswald – 50 Hektar Grund."

Bevor das Niveau der Sitzung unter den Stammtisch absank, übernahm der Theatermaier wieder die Regie. Die zentrale Frage sei schlicht, wer als Reigschmeckter zu gelten habe, sagte er, und bat den Herrn Ammann als erfahrenen Juristen um eine erste Einschätzung der Rechtslage.

Der Ammann sagte, zunächst habe er geprüft, ob er sich wegen Befangenheit selbst ablehnen müsse, aber erstens sei er zweifelsohne von hier, und zweitens spiele das seiner Meinung nach gar keine Rolle: „Ihr werdet gleich sehen." Der Begriff „Reigschmeckter" sei in der modernen Rechtsgeschichte unbekannt, weder im Bürgerlichen Gesetzbuch noch in den Bundesgerichtsurteilen habe er irgendeinen Hinweis auf den Status eines Reigschmeckten gefunden. Seiner nicht vorhandenen Sachkunde zufolge – „ein Späßle" – handle es sich bei Reigschmeckten, wiewohl kein juristischer Terminus technicus... bei technicus verhaspelte er sich und bestellte bei der vorbeieilenden Karola ein weiteres Bier und Maultaschen in Brühe, aber nicht so jesesmäßig versalzen wie beim letzten Mal.

Eigentlich sei das gar kein Juristenfutter, sondern ganz im Gegenteil eine Sache des gesunden Menschenverstandes – er hatte sich wieder gefangen. Seiner Ansicht nach könne der Status des Zugewanderten weder erlöschen noch verjähren, verfallen oder sonst wie seine Gültigkeit verlieren.

Als er geendet hatte, brachte die Karola das Essen. Der Ammann setzte sich und sagte mit dem Mund voll Maultaschen: „I sag amol, einmal reigschmeckt, immer reigschmeckt, ob's euch schmeckt oder nicht."

Der Zanolla fragte verwundert: „Vor sechs Generationen zugereist und immer noch reigschmeckt? Gohts no? Aber mir soll's recht sein, wo sind die Millionen?"

Der Schwerle meinte, zugereist seien die Zanollas wohl nicht, eher zugewandert, fußläufig über die Alpen gewandert, arme Handwerker seien nicht mit der Kutsche gefahren. Die Gastarbeiter in den vergangenen Sechzigern wiederum, die seien mit dem Zug zugereist. Wie es um den Status der Zugelaufenen, Hängengebliebenen und Eingeheirateten bestellt sei, müsse allerdings dringend geklärt werden – dem Schwerle fehlt einfach das Gespür für den Ernst der Lage. Um das Thema abzurunden, warf der Bürgermeister die verwaltungstechnische Frage auf, welchen Status wohl die im Zuge der Gemeindereform Eingemeindeten der umliegenden Gehöfte genössen. Bei „genössen" wurde gelacht.

„150 Jahre reigschmeckt, wer ist da noch ein Alteingesessener?", fragte die Gisella.

„Der mit dem rechten Stallgeruch", sagte der Häfele. Der Bauer Huonker vermeinte eine Anspielung herauszuhören, aber die Majella rettete den Frieden.

„Ein Alteingesessener", erklärte sie, „ist ein Hockebacher, der den Arsch, statt ihn hochzukriegen, breit gesessen hat. Statt alteingesessen sollte man besser sagen A... altbreitgesessen." Die Majella hat eben eine Schwertgosch.

Das war das Stichwort für den Ammann. Ob die Herren, die Damen mögen mal bitte weghören, den Witz ... – an dieser Stelle drohte das Gespräch in die Breite, statt in die Tiefe zu gehen, da kam die Karola zum Kassieren. Die Karola trägt übrigens ein Tattoo über dem vierten Lendenwirbel zwischen den Nieren, ein Hirschgeweih – laut Ammann mit achtzehn Enden.

Während sie ihre Runde machte, verständigten sich Vorstand und Beirat noch schnell darauf, die reigschmeckte Frage vom Nachlassgericht Ravensburg klären zu lassen.

Das Gericht – ich greife vor – bestätigte im Wesentlichen die Formulierung des Notars, wonach jede Bürgerin und jeder Bürger, die oder der auswärtige Ahnen nachweisen könne, im Sinne des Wigratzschen Testamentes als Reigschmeckte oder Reigschmeckter zu gelten habe.

Am Gerücht, die Potmesil-Schmied habe sich eine S-Klasse bestellt, war insofern was Wahres dran, als die S-Klasse tatsächlich bestellt worden war, aber vom Zanolla. Das war etwas voreilig, wie wir sehen werden.

Zweite Sitzung

Der Theatermaier geriet ins Schwärmen. Dank der Zuwendung von 100.000 Euro werde der Verein etwas bahnbrechend Neues und Großes auf die Beine und Bühne stellen können – der große Sprung vom Bauerntheater zur Weltbühne.

Die Potmesil-Schmied und der Schwerle nickten.

„Ihr werdet sehen, wenn es um zeitgenössisches Theater geht, führt bald kein Weg mehr an Röthenbronn vorbei."

Der Wirtschaftsmaier traf verspätet ein und war sichtlich auf hundert. Dass kein Weg an Röthenbronn vorbeiführe, sei ein Lättengeschwätz, sagte er. Da führe schon ein Weg vorbei, durch den Altdorfer Wald nämlich. Aber bloß, wenn die reigschmeckte Umweltspinner, die grünen Seckel, nicht die Straße blockierten, weil sie einen Krottehag bauen müssten.

Die Krötenwanderung hatte mit dem Thema der Sitzung zwar wenig bis überhaupt nichts zu tun, aber er hielt die Rede fast auf Hochdeutsch, „damit mich auch die verstehen, die jetzt bald im Geld vom Wigratz schwimmet."

Der Wirtschaftsmaier ist bei den Schwarzen, weil die Roten sein Fuhrunternehmen verstaatlichen und seinen Acker und den Wald in eine Kolchose einbringen wollen und bekanntlich nicht mit Geld umgehen können, und das am Liebsten mit anderer Leute Geld. Die Roten waren schon immer ein rotes Tuch für den Wirtschaftsmaier, aber seit den Achtzigern hängt noch ein grünes Tüchle daneben, das von den Krottejägern und Froschköniginnen und den Tempodreißigschleichern, allesamt Zugezogene von anderswo.

„Und dann kommt diese reigschmeckte Spinatwachtel und sahnt ab."

Die Gisella war grad draußen, sonst hätt er sich das nicht getraut.

Wo der Wirtschaftsmaier das mit den grünen Seckeln sagte, richtete sich der Kirchenmaier auf: „Herr Maier, bitte, jetzt beruhigen Sie sich, warum heißen Sie diese Naturfreunde Seckel? Bloß weil sie die Krötenwanderung unterstützen? Das sind hehre Idealisten, sie opfern ihre Freizeit und retten in aller Herrgottsfrüh und in der Abenddämmerung die unschuldigen Kröten – warum um Himmels willen, Herr Maier, sind das Seckel?"

Der Maier schwieg einen Augenblick. Dann legte er beide Hände auf die Tischplatte als wolle er aufstehen, beugte sich, das Kinn auf Bierkrugoberkante, in Richtung Kirchenmaier vor, und sagte: „Weil's halt Seckel sind!"

„Ja dann", sagte der Kirchenmaier gottergeben.

Man möge nun bitte zur Sache kommen, mahnte der Bürgermeister. Aufgrund des Ammannschen Rechtsgutachtens werde er in der nächsten Ausgabe des Gemeindeblattes einen Aufruf an die Bevölkerung schalten, sich im Sinne des Wigratzschen Nachlasses zu bewerben, mit der Maßgabe... et cetera pp. Datenschutz und Vertraulichkeit seien gewährleistet, nur der erweiterte Vorstand der Theatergesellschaft befasse sich mit dem Vorgang, Meldungen bitte an den Vorsitzenden der Gesellschaft, Herrn Maier, Telefon und so weiter.

Der Theatermaier rief: „Einspruch." Er befürchte, sagte er, die Koordination und Auswertung des Meldeverfahrens könnten ihm neben der Vereinsarbeit zuviel werden, und Schule halten müsse er schließlich auch noch. Er schlage vor, einen Beauftragten für das Zwo-Millionen-Projekt zu wählen, und schaute den Kirchenmaier an. Der sei doch als Schriftführer der Gesellschaft der geborene Reigschmecktenbeauftragte.

„Wir kommen nun zur Abstimmung: Jemanddagegen?Nie manddagegen?Alledafür! Der Kollege Maier ist gewählt zum Koordinator ohne Gegenstimme bei einer Enthaltung, gratuliere."

Einer unfreiwilligen Enthaltung, der Kirchenmaier hatte grad das Bierglas an den Lippen und nicht schnell genug geschluckt.

Der Theatermaier hatte die Nachricht bis zum Schluss aufgehoben, um den Simon zu schonen, jetzt musste sie raus: Allein durch die Mundpropaganda und die Buschtrommeln hätten sich unterdessen 148 reigschmeckte Leute bei ihm gemeldet.

„Das tut mir echt leid, Simon, das Manuskript mit den siebenerlei Leut' und den Fresskänntlesproleten kannst du in die Gillagruab schmeißen."

Dritte Sitzung

Der Kirchenmaier brachte einen Karton voll Post mit, alles Zuschriften auf die Anzeige im Gemeindeblatt, mehrere Hundert Bürgerinnen und Bürger hätten sich gemeldet.

„Geoutet", korrigiert der Schwerle.

Der Simon lief rot an, zwei Mal habe er das Stück nun schon umgearbeitet, in der aktuellen Version für 148 Darsteller – alles für die Würscht, er werfe jetzt tatsächlich den Griffel in dia Gilla, er meine die Maus.

Es wurde trotzdem ein fröhlicher Abend, der Kirchenmaier las aus der Post – haarsträubende und an denselben herbeigezogene Geschichten.

Ein Spaßvogel behauptete, er stamme von Karl dem Großen ab – von Karl dem Großen stammt bald jeder Vierte ab, warum nicht gleich von Adam und Eva, Kain und Abel, nein, von Abel nicht. Der Maier nannte keine Namen, aber der vom Waldwinkel oben kam mit dem Großen Ariernachweis daher. Dabei hätte der Kleine Ariernachweis schon vollauf gelangt, weil der Großvater von Oberkochen war. Der Opa habe das Dokument seinerzeit gebraucht, sagte der vom Waldwinkel, weil er unter der Hitlerei zum Kreisbauernführer habe aufsteigen müssen. Der Opa war ein herzensguter Mensch gewesen und konnte Schlimmeres verhüten, von dem man nichts gewusst habe, sodass man auch nichts habe machen können. Die Berta habe den Wisch zufällig unter dem Kanapee gefunden.

Wie eingangs gesagt, lassen wir die braune Soße besser bei den nackten Würsten.

Die Karola platzte herein, ob wer einen Wunsch habe? Die Potmesil-Schmied bestellte einen sauren Käs mit Zwiebeln, der Schwerle ohne.

Der Kirchenmaier griff weiter in seinen Karton, referierte über Auszüge aus Kirchenmatrikeln, Registern und dem Urbar der Herrschaft von Röthenbronn, aus Heirats-, Tauf- und Sterbebüchern. Weiters seien zum Beweis der Auswärtigkeit die „Genealogische Gesellschaft von Utah" bemüht worden und der „Gothaische Genealogische Kalender".

Dann senkte er die Stimme. „Es bleibt unter uns, gell, aber ein hübscher Fall ist der einer Dame namens Genoveva, die hat einen französischen Vater nachgewiesen. Vertraulich, wie gesagt, ich nenne nur den Vornamen."

Dabei gibt es in Röthenbronn nur die eine Genoveva.

Der Taufname der besagten Dame sei eigentlich Geneviève, Tochter eines Sous-Lieutenants der französischen Besatzungstruppen, der lebe heute hochbetagt in Avignon.

„Ja da guck na", sagte der Häfele und haute sich auf die Schenkel, „die Fefi isch a Bsatzerle, wer het des denkt?" Das müsse ja vite vite, tout de suite über die Heubühne gegangen sein, die Franzosen waren nur ein paar Tage im Dorf.

„Und Nächte", ergänzte der Schwerle.

„Weiters siedelten sich bei uns Pietisten aus Altwürttemberg an", fuhr der Kirchenmaier fort, „die Zanollas kamen 1867 aus Italien, und in den Sechzigern des vorigen Jahrhunderts standen vier Türken vor Röthenbronn. In unserer Gemeinde sind ferner gemeldet zwei Familien aus dem ehemaligen Jugoslawien, der Gmeinder aus Vorarlberg, sein Schwager aus Tirol, weitere Bürger aus Ober- und Unterbayern, ein ostelbischer Krautjunker. 125 Einwohner sind schlesische, sudetendeutsche und ostpreußische Vertriebene, von deren herzlichem Empfang schon die Rede war, sowie deren Kinder und Enkelkinder. Die sind ebenfalls Vertriebene, weil gemäß Bundesvertriebenen- und Flüchtlingsgesetz der Vertriebenenstatus erblich ist. Das war mir neu."

Der Ammann ergänzte: „Mir nicht! § 7 Bundesvertriebenengesetz. Statt ,vertrieben' musch bloß ,reigschmeckt' einsetzen."

„Die alte Nathalie von der Schachenmühle ist fein raus mit ihrer römischen Nase", erzählte der Kirchenmaier weiter, „sie kommt aus Regensburg. Dort laufen noch heute ganze italische Legionen herum, immer der Nase nach. Die Nathalie ist also zweifach abgesichert, mit Regensburg und der Römernas. Die Leute aus der kalten Heimat habe ich schon genannt, die Westpreußen hätte ich jetzt schier gar vergessen."

„Und die Saupreußen", bemerkte der Häfele.

Der Kirchenmaier hatte ganze Arbeit geleistet. Wie aus dem Zylinderhut zog er noch fünf Nordfriesen aus dem Karton, einen Griechen, einen Spanier und 20 Urdeutsche aus Kasachstan – nach dem Walserclan aus dem Wallis schloss er die Aufzählung, weil alles redete und keiner mehr zuhörte.

„Summa summarum 630 Anwärter, die heutige Post konnte ich noch nicht sortieren, der Ablauftermin ist in zwei Wochen."

Bis Mitternacht hatte der Schriftsteller Simon die 630 potenziellen Darsteller noch nicht geschluckt, aber fünf Halbe.

Vierte Sitzung

Am Ende hatten exakt 1.169 der 1.170 Einwohner von Röthenbronn mehr oder weniger glaubhaft nachgewiesen, dass sie und ihre Familienangehörigen keine genuinen Röthenbronner Gewächse sind.

„Dokumente aus der Zeit vor dem Dreißigjährigen Krieg sind dünn gesät", sagte der Kirchenmaier, der sich zur Überraschung aller zu Bomser Vorfahren bekennen musste, aber da kann einer nichts dafür, dass er aus Boms kommt. Der Wirtschaftsmaier hatte eine Uroma aus Beutelreusch entdeckt, wo immer das ist, und die jüngst erstellte Ahnentafel der Theatermaiers wies auf der väterlichen Linie urgroßmütterlicherseits ins linksrheinische Mömpelgard, woher nicht nur der Maier, sondern auch die berühmten geräucherten Schweinswürste kommen. Des Ammanns Urgroßmutter war eine geborene Caviezel, altes Bündner Geschlecht, was er nicht gewusst habe, „mich aber bäumig gfreut", wie er gleich auf Schweizerdeutsch sagte.

Schier gar wäre der Bürgermeister als Einziger bei der Röthenbronner Fahnenstange geblieben. Es sei ihm schon a wengele peinlich, sagte er, aber am Wochenende sei er rein zufällig auf die Bühne gestiegen, mehr so aus Versehen, „und da gruschtele ich so für mich hin, und nichts zu suchen, das war mein Sinn. Und wie ich so gruschtle, man glaubt es nicht, habe ich einen Stammbaum gefunden, unter Glas – eine deutsche Eiche."

In den feinen Verästelungen der Baumkrone sei auf einem grünen Zweiglein ein Vöglein aus Ravensburg gesessen, ein weibliches Vögelein, welches ihn, wenn auch weit vom Stamm, als Angehörigen einer wohlhabenden protestantischen Familie ausweise. Der Bürgermeister gehört also zur Ravensburger Blutwurst, man mag es nicht glauben.

Die Bühne ist der schwäbische Boden, also unter dem Dach – klar?

Um anzügliche Bemerkungen abzublocken, zog er einen Zettel aus der Tasche, ein an den Pfarrer gerichtetes anonymes Schreiben, und las vor:

„Hochwürden, ich muss Ihnen beichten, dass ich 1954 beim Musikfest hinter dem Bierzelt etwas beobachtet habe, weil es mir pressiert hat. Heute habe ich beim Häfele gehört, der Mattheis bekommt das ganze Geld, weil er auf dem Papier der Sohn vom Pfeiffer Willi aus Kleinengstingen ist. Das stimmt nicht, er ist gar kein Auswärtiger, ich habe es mit eigenen Augen hinter dem Zelt gesehen, der Vater vom Mattheis ist der …“, hier malte der Bürgermeister einen Kringel in die Luft, „und der ist von hier. Der Mattheis, der Bankert, kriegt nichts.“

Bei Bankert und dem bürgermeisterlichen Blutwurstvögelchen verlor der Kirchenmaier die Contenance. „Das ist doch alles wurscht“, verfiel er ins Schwäbische. „Was glauben Sie, was im Dreißigjährigen Krieg so abging, wen die Kaiserlichen und die Schweden bei dem Hin und Her alles geschwängert haben, die Zirkusse Sarrasani, Busch und Roncalli zogen hier durch, der Napoleon und die Völkerwanderung, und seit Sodom und Gomorra geht eh jeder Dritte fremd.“

Er fing sich wieder und schlug vor, sich die Bettgeschichten, Märchen, Sagen, üblen Nachreden, erfundenen Räuberpistolen und die ganze schmutzige Wäsche zu ersparen. Es liege doch auf der Hand, dass alle Menschen irgendwann von irgendwo hergekommen und irgendwo hingegangen sein mussten, sonst wären sie ja noch dort.

„In grauer Vorzeit hat der Mensch den aufrechten Gang erlernt, sich von der Uroma Lucy verabschiedet und ist aus dem ostafrikanischen Graben geklettert – Amen."

„Somit sind alle Röthenbronner anspruchsberechtigt", stellte der Ammann fest, und keiner widersprach.

Der Simon war ganz erschlagen – 1.170 Mitwirkende, ein Stück für 1.170 Schauspieler!

„Darf's vielleicht a bissle mehr sein? Wie wär's mit einer Schlacht aus dem Bauernkrieg, 1525. Röthenbronner Haufen und Baltringer Haufen vereint gegen die Herrschaft von Röthenbronn, auf der Wies vom Huonker?"

„1.170 Kostüme – die 100.000 Euro sind futsch", gab der Schwerle zu bedenken. „Schorsch, wir brauchen ein textilarmes Stück. Das Kostüm verstellt nur den Blick aufs Wesentliche. Je weniger Stoff, desto mehr Zuschauer. Gewinn-Maximierung durch Bekleidungs-Minimierung."

Das Thema Kostüme wurde nicht weiter vertieft, es polterte und die Türe flog auf – die Karola öffnet die Tür zum Nebenzimmer gern mit dem Absatz. Auf ihrem linken Unterarm lagen zwischen der angewinkelten Hand und ihrem allseits bewunderten Bizeps vier Teller mit Schnitzel und Kartoffelsalat. Wie groß die Schnitzel sind, ist Ihnen ja bekannt.

„Wer kriegt a Schnitzel?"

Der Wirtschaftsmaier fasste das Finanzielle grob zusammen: „Von den zwei Millionen Euro bekommt die Theatergesellschaft 100.000, für Werbung und Porto gehen 50.000 drauf, 10.000 für Wasser und Strom und Sonstiges. Der Simon kriegt sein Honorar, sagen wir 35 Euro – wie viel bleibt da für jeden der 1.170 Mitwirkenden? Du bisch doch Mathelehrer!"

Der Theatermaier fühlte sich veralbert, aber bevor er protestieren konnte, sagte die Karola: „1.572 Euro und 61 Cent pro Nase, die Schnapsnasen mit eingerechnet."

Eine rechte Bedienung, die konnte noch im Kopf rechnen.

„Die Grumbira dürft ihr nicht vergessen, die sind auch Reigschmeckte", sagte der Schwerle mit vollem Mund, „eingewandert aus Südamerika. Ich frage euch: Was wäre ein schwäbischer Kartoffelsalat ohne Reigschmeckte?"

Fünfte Sitzung

Der Theatermaier eröffnete die Sitzung: „Wo bleibt das Stück, Simon? Herrschaft Sechser, Schorsch – wo bleibt das Stück? Es pressiert!"

Der Schorsch Simon lächelte, stellte sein Weizenbier ab, wischte sich mit dem Handrücken den Schaum aus dem Bart und von der Oberlippe und von der Unterlippe und erhob sich langsam von der Bank.

„Mach's nicht so spannend, Schorsch", sagte die Majella.

„Passet auf: Das Stück, das mir vorschwebt, wird die zeitgenössische Theaterlandschaft revolutionieren und eine Epoche des ästhetisch-gesellschaftskritischen Theaters einleiten, oder einläuten – das ist jetzt egal –, weg vom athenischen Dionysostheater."

„Nix wie weg", sagte der Zanolla.

Aus dem transitorischen Element der Aufführung erwachse eine Vertrautheit mit der real existierenden Gesellschaft, fuhr der Schorsch fort, Sein und Schein verschmölzen ineinander. Er sagte „verschmölzen".

„Geht's noch genauer?"

„Jetzt wart doch, Majella. Das Stück sind wir, wir spielen uns – Röthenbronn inszeniert sich. Versteht ihr, die Röthenbronner machen das, was sie jeden Tag machen, nur spielerisch, setzen sich in Szene – das sollte den Gemeinderäten nicht allzu schwer fallen. Unser Dorf wird Zuschauerraum, Kulisse und Bühne zugleich, Türen und Fenster öffnen sich in der Tradition des Guckkastentheaters. Ich spiel mich, du spielst dich, Sie mimen sich, Herr Maier. In einfachen Worten, damit ihr's versteht: Wir tun nicht, was wir auch sonst täten, sondern wir spielen unser Tun – wir tun also spielerisch so, als ob wir das täten, was wir auch sonst nichtspielerisch tun, tunlichst spielend also, oder so. La nouvelle Comédie Humaine de Röthenbronn!"

„Eine Komede – sag ich doch!" Die Majella findet immer das rechte Wort zur rechten Zeit, und der Zanolla ergänzte: „Ab Fünfe spiel ich Biertrinken in der ‚Sonne'."

Man hatte soweit verstanden, nun brauchte das Stück noch einen Titel. Der Theatermaier bat demokratisch um Vorschläge. „Das reigschmeckte Dorf", „Röthenbronn goes Broadway" – was will man schon erwarten, wenn man die Leute fragt, da kommt selten was Rechtes bei raus.

Der Schwerle meldete sich: „Zählt mal mit: Zugewanderte, Eingewanderte, Zugereiste, Zugelaufene, Hängengebliebene, Eingeheiratete und siebtens, Eingemeindete – ich schlage vor, wir nennen das Stück ‚Die siebenerlei Reigschmeckten'". Beim Schwerle weiß man ernsthaft nie, ob er es ernst meint, meistens nicht.

Eintritt? Natürlich, weil nix taugt, was nix koscht. Proben keine, einmalige Aufführung, Termin Samstag nach Fronleichnam.

Der Vorschlag vom Häfele, vor dem Kulturereignis zumindest die Fassaden der Häuser zu renovieren – „wie sieht denn des aus, was denket da d'Leut'?" –, wurde parteiübergreifend begrüßt. Alle Röthenbronner erhielten das Honorar von 1.572 Euro und 61 Cent vorab ausbezahlt, damit sie ihre Jägerzäune und Fensterläden frisch streichen, Vorhangstoff kaufen und zum Friseur gehen konnten – Blumentöpfe und Geranien waren ruck, zuck regional ausverkauft, die Damensalons auf Wochen ausgebucht.

Die Aufführung

Die Presse hatte das Ereignis auf den Titelseiten angekündigt. Was sage ich Ereignis – das Event. Schwäbische Zeitung, Bäckerbote, Apothekenrundschau und Stadtkurier hatten den Theatermaier interviewt, der Bürgermeister sprach im Morgenradio von SWR 2, Schriftsteller Schorsch Simon in „Humpis – der Talk" des Regionalfernsehens, an allen Litfaßsäulen und am Schaufenster vom Kaufhaus Häfele klebten Plakate.

Am großen Tag von Röthenbronn strahlte der Himmel. Die von nah und weit weg Angereisten parkten auf Huonkers Wiese, der dem Vernehmen nach ein gottsallmächtiges Geschäft machte.

Die Röthenbronner standen wie gewohnt auf und machten sich wie gewohnt ans Werk – ein paar Ältere allerdings im Sonntagshäs –, der Tag ging seinen vertrauten Gang. Nur dass eben dank des schönen Wetters Heerscharen von Zuschauern durch den Ort flanierten und den siebenerlei Reigschmeckten beim Holzhacken, Autowaschen, Vespern und Müßiggang zuschauten. Die Besucher lauschten andächtig der vielstimmigen Geräuschkulisse, dem sonoren Brummen der Rasenmäher, dem Heulen der Laubbläser, dem Knattern der Motorsensen und dem Kreischen der Kettensägen und schnupperten die mit Zweitaktmischung geschwängerte Theaterluft.

Eine Mutter sagte zu ihrem ob des ländlichen Spektakels verstörten Söhnchen: „Schau Julius-Gernot, die braven Leute wollen doch nur spielen."

Beim Schwerle hing ein Schild am Gartenzaun: „Bitte nicht füttern."

Das Publikum applaudierte der Nathalie bei der Kehrwoche, trampelte durch Vorgärten und über Rabatten und betrachtete die Rentner auf der Parkbank beim Lesen der Zeitung. Besucher stellten sich auf die Zehenspitzen und lugten durch geöffnete Fenster, beobachteten Leute, die Fernsehen schauten, kommentierten häusliche Kurzdramen und die Qualität der Aufführung, es kam zu spontanen Einladungen und zwei Verlobungen. Die Kasse der Theatergesellschaft drohte überzulaufen.

Um 22.00 Uhr fielen die Rollladen, die neuen Vorhänge wurden geschlossen.

Das Ereignis machte Röthenbronn weit über Oberschwaben und das Allgäu hinaus bekannt – das können Sie doch bestätigen, gell? Die Röthenbronner ließen den Theatertag wieder und wieder Revue passieren und stellten beglückt fest, wie spielend leicht, sinnenfroh und sorgenlos ihnen das für gewöhnlich so dröge Tagwerk von der Hand gegangen war. Nach einer Gedenkfeier legten sie am Grab des Ignaz Johann Wigratz einen schlichten Kranz nieder mit der Inschrift: „In Dankbarkeit unserem reigschmeckten Ehrenbürger" und beschlossen, auch fürderhin spielerisch durchs Leben zu gehen.

Vielleicht spielen sie ja noch heute.

Die kommunale Polygamie

In der Ortsmitte von Röthenbronn steht das Kaufhaus Häfele, gegründet von Ulrich Christoph Häfele im 19. Jahrhundert als Kolonialwarenladen. Mit Sand aus Deutsch-Südwest mögen einst Röthenbronns Dielenböden blank gescheuert worden sein, aber als 1918 dem deutschen Vaterlande die Kolonien abhandenkamen, war es mit den exotischen Waren deutscher Provenienz vorbei. Enkel Vincenz Christoph Häfele verkaufte Spezereiwaren, Urenkel und Zweimal-Ur-Enkel Vincenz erweiterten das Warenangebot mit feinem Gespür für den dörflichen Zeitgeist, wechselnde Moden und wachsende Ansprüche. Dank der dynastischen Vererbung des Vornamens überdauerte das Ladenschild die Zeitläufte.

Das Warenangebot konnte im Laufe der Jahre ausgebaut werden, nicht jedoch der zur Verfügung stehende Raum. Also rückten die Gläser, Tüten, Flaschen, Kisten und Kartons zusammen und wuchsen in die Höhe, in den hohlen Gassen gibt es heute für den Korbfahrer kein Überholen mehr und kein Zurück. Hinter den Gewürzen weitet sich der Blick auf eine Lichtung – die Wurst- und Käsetheke –, um sich danach erneut zu verengen.

Der Käufer findet in Häfeles Schlucht geräucherten Aal, Butter und Chili, Datteln und Essiggurken bis hin zu Zwieback und Zwiebeln, Socken und Hüten, Unterwäsche und Oberhemden, Messer und Gabeln. Beiderlei Gesangbücher

verkauft der Häfele, Spirituelles und Spirituosen, Rosenkränze, Literatur, aber auch nützlichen Lesestoff, wie neuerdings stapelweise Deutsch-Französische Wörterbücher. Kurz
gesagt, kann „man zwischen seinen vier Wänden doch alles
finden, was der Mensch zum Leben und Glücklichsein
braucht[e]."

Sollte der über ein Glas Rotwein geneigte Leser ins Grü-
beln geraten und sich fragen: Wo zum Kuckuck habe ich diesen Satz schon mal gelesen? – und bevor er von seinem
Ohrensessel aufspringt und den Staub über den Bücherrega-
len aufwirbelt: Das ist John Steinbecks Beschreibung von Lee
Chongs legendärem Laden in der „Straße der Ölsardinen".
Der Häfele ist gleichsam der Chinese von Röthenbronn – He
Fei Lee. Im Hinterhaus betreibt Frau He Fei Lee einen Blumenladen.

Als wir uns über Lee Chongs Chinesenladen in diese Geschichte hineinschlichen, stand die Chefin gerade hinter der
besagten Wursttheke und bediente Frau Hedwig Ammann,
geborene Holdefleiß.
„Muss das sein, Frau Häfele?", sagte diese. „Also, Frau Häfele, ich frage Sie, ich hätte gern hundert Gramm von der
Kalbsleberwurst, muss das wirklich sein? Also wissen Sie, und
einen Ring Schwarzwurst, ich frage mich wirklich, was des
soll, ein Paar Weißwürste noch, die sind doch von heute Morgen, gell?"
Sie entschuldigte sich sofort, orderte, um abzulenken, noch
zwei Paar Schiebling und griff ihr Thema wieder auf: „Also,
Frau Häfele, diese urbane Polygamie, was denken denn Sie,
Frau Häfele, ist das nicht ein Skandal?"
„Die was?", fragte die Angesprochene, und schnitt die hundert Gramm Leberwurst ab, aufs Gramm.
„Urbane Polygamie", wiederholte die Ammann, „fast bin ich
geneigt, zu sagen: kommunale Promiskuität."

Die Häfele schluckte die als übernächtigt verdächtigten Weißwürste und dachte sich ihr Sach. Die meint auch wunder was sie ist. Acht Jahre bin ich mit der Hedi in einer Bankreihe gesessen. Die Holdefleißens waren ja rechte Leut von hier. Aber als die Dame Hedwig Holdefleiß den vergilbten Notar an Land gezogen hat, war sie mit ihren ehemaligen Klassenkameraden plötzlich per Sie und redete obergscheit auf Hochdeutsch daher. Die hält sich für eine Höhergestellte, was Besseres halt.

Vom Kassler nahm die geborene Holdefleiß noch zwei Scheiben und zusammen mit den vier Schieblingen glaubte sie nun angemessen Buße für die Verleumdung der kesselfrischen Weißwürste getan zu haben.

„Also ich sag Ihnen, was soll man dazu sagen?", antwortete die Frau Häfele. „Haben Sie sonst noch einen Wunsch, Frau Ammann?"

„Einen Wunsch? Tausend Wünsche hätt man doch, Frau Häfele, tausend, gell? Aber das war jetzt ein Witzle, Blumen brauch ich noch, bis gleich."

Frau Häfele tütete die Wurst ein und enteilte in Richtung Hinterhaus, während die Ammann in der Südkurve hinter der Literatur entschwand.

Vor den Getränken zwischen Socken und Hemden stieß sie auf den Schulleiter Maier, genannt Theatermaier. Der Maier legte blitzschnell eine Unterhose ins Regal zurück; das fehlte noch, dass ganz Röthenbronn erfuhr, dass er schwarze Wäsche trägt.

In Frau Häfeles florierendem Blumenlädele gibt es nicht nur Schnittblumen, Topfpflanzen, Samen und Setzlinge, sie hat auch zunftgerechte Lyrik im Angebot. An der Wand hängen Spruchtäfelchen aus Holz und Ton mit blumigen Reimen, wie diesen hier:

„Liebe Oma, halt dich wacker – mach dich noch lange nicht vom Acker!"

Oder: „Omas Gärtle ist ein Segen – Omas Gärtle füllt die Mägen!"

Oder der Lieblingsausspruch ihres Gatten: „Halt dei Gosch – lass Blumen sprechen!"

Außerdem gibt es taufrisch und gratis, was das Leben erst lebenswert macht: das Neueste vom Dorf.

Der Maier hatte seine Siebensachen gekauft und brauchte noch einen Strauß für den Geburtstag seiner Tante Klara. Im feuchten Duft der Grünpflanzen warteten bereits die Ammann und ihre Nachbarin Irmela Ziergiebel, Frau Häfele schnippelte einen Rosenstrauß auf Länge.

Wie eben in einem Blumenladen Freud und Leid nah beieinander sind – neben der fröhlichen Sonnenblume stehen trauernde Calla und altrosa Lilien – , erzählte Frau Ziergiebel gerade von der Beerdigung des alten Wickenthaler Johann: „Es hatte ja tagelang geregnet und das Loch, also die Grube, war randvoll Wasser, und als sie den Hannes beisetzen wollten, also die Urne, da weigerte der sich, unterzugehen, der Friedhofsgehilfe druckte die Urne mit seinem Stockschirm unter Wasser, aber sie hupfte immer wieder hoch, wie ein Wasserball. So war er halt, der Johann, der hat sich schon im Leben nicht unterkriegen lassen, das passte zu ihm."

In der hinteren Reihe sei hinter vorgehaltenem Gotteslob gekichert worden, deutlich vernehmbar sei das Wort „Seebestattung" gefallen.

„Aber den Sarg einsparen, die knickete Verwandtschaft, gell!", sagte die Irmela Ziergiebel.

Der pudelnasse und budelnarrete Pfarrer, dessen Toleranz schon wegen der Urnenbestattung stark strapaziert war, habe dies als ein Zeichen des Himmels gewertet und die Zeremonie abgebrochen. Die Leich sei also ins Wasser gefallen. Nicht jedoch der Leichenschmaus, den hätten sich die untröstlichen Verwandten nicht entgehen lassen, erzählte die Ziergiebel weiter. Sie habe mitmüssen – „da kasch ja nicht nein sagen!"

Vereint sei man zur „Sonne" marschiert – durchweicht, aber nicht von den Tränen –, mitsamt den Überresten vom Hannes, den man wieder aus dem Loch gefischt hatte. Während des Essens habe man sich gegenseitig versichert, dass der liebe Verstorbene im Leben nie gewollt hätte, dass der Sonnenwirt wegen dem bissle Regen auf drei Eimern Soße, hundert Pärla nackete Bratwürst und einem halben Zentner Kartoffelsalat sitzen geblieben wäre, bildlich gesprochen.

Die Ziergiebel hatte drei aufmerksame Zuhörer, und nur wenig später erfuhr ganz Röthenbronn, dass die selbstlosen Wickenthaler Erben die Urne im Versandhandel erworben hatten – Kirschbaum furniert, immerhin.

Nachdem der Redefluss der Ziergiebel über die nasse Leich versiegt war, sagte der Maier zur Frau Ammann, es gehe ihn zwar nichts an, aber man höre ja vorn im Laden zwangsläufig mit – was sie denn mit kommunaler Polygamie gemeint habe?

„Urbane Promiskuität, Herr Maier", antwortete die Ammann. „Gut, dass Sie fragen, jetzt loosen Sie: Seit zwanzig Jahren sind wir doch mit der Gemeinde Grafenwil verehelicht, sag ich mal. Und jetzt kommen die Franzosen und wir setzen den Schweizern Hörner auf."

Fremdgehen nenne man das, sagte die Ammann weiter, als seien die Schweizer nicht schon fremd genug, aber diese urbane Seitenspringerei sei ja in Mode heutzutage.

„Machen Sie doch mal die Augen auf, Herr Maier, wenn Sie durch die Gegend fahren – was sehen Sie an jedem Ortsrand? Einen Schilderwald über Partnerschaften rund um den Globus! Jedes Kaff meint, es müsse sich bis nach Afrika verbandeln, und das gleich mehrfach. In St. Weitfurt hocken die Russen aus Brest und die Schweden aus Sundsvall, in Donaus schwätzen sie Italienisch, Ungarisch und Kroatisch, die von Bad Abgläga treiben es mit den Tirolern und den Schotten im Loch Ness. Das passt zu diesen Entenklemmern. Und wir, wir holen uns noch die Franzosen ins Bett – Entschuldigung, das wird man doch noch sagen dürfen. Bloß weil die Frau vom Bürgermeister ein Jahr lang Au-pair war, in Paris, da weiß man auch nix Genaues! Dreimal war der Bürgermeister jetzt in dem Nest, wie heißt es noch? Schon was das kostet! Mir reichen die Schweizer. Außerdem, Herr Maier: Liebe geht durch den Magen. Das ist doch eine währschafte Beziehung mit den Appenzellern – die Rösti, der Käse, die Bündner Pizokel und die Mostbröckli. Vor allem aber kann man sich mit den Appenzellern wenigstens verständigen, so einigermaßen. Überhaupt, Frankreich, Herr Maier, ich habe ja einschlägige Erfahrung: Vor ein paar Jahren musste es ja unbedingt der Atlantik sein. Mein Ammann, der hat so einen Franzosenfimmel, nix wie weg und weit furt – in die Bretagne, Côte Sauvage. Sauvage bedeutet ‚wild‘, stimmt genau.“

Und an die Ziergiebel gewandt: „Vor allem wild auf dem Teller – läbige Austern, Meeresspinnen, grüne Riesenschnecken und Frösche, salzige Butter und blutiges Rindfleisch. Gott sei Dank hatte ich den Kofferraum voll Büchsenwurst gepackt. Und erst die Verständigung – kein Mensch spricht dort ein Wort Deutsch!“

Was man doch erwarten könne, wenn man schon sein gutes Geld zu diesen Leuten schleppe. Das Meterbrot sei ja zur Not noch essbar, aber nach zwei Stunden schmecke es wie Filzpantoffeln. Ein Dutzend Austern habe ihr Mann täglich geschlürft, der schrecke ja vor nichts zurück – lebende Tiere! –, ein Wunder, dass die Viecher beim Kauen und Schlucken nicht geschrien hätten, pfui Deifel, und das Meer sei auch immer grad dann verschwunden, wenn man baden wolle. Nie wieder, habe sie zu ihrem Mann gesagt, nie wieder, fini.

„Bodensee, Frau Ziergiebel“, beendete sie ihren Vortrag, „der Bodensee ist wenigstens immer voll Wasser, gell Herr Maier?“

„Der Hasenweiher auch!“, sagte der Maier. Er zeltet dort in den Ferien. Die französische Partnergemeinde heiße übrigens St. Loup-les-Bains, erklärte er den drei Damen, das liege in der Provence zwischen der Côte d'Agneau und der Côte de Bœuf, östlich von Foie Gras. Die festliche Verbrüderung finde Ende September statt, Gründung des Partnerschaftsvereins nächste Woche, man suche noch Ehrenamtliche.

„Wie wär's, Frau Ammann?"

Aber da war sie schon draußen.

Beim ökumenisch-deutsch-französischen Gottesdienst platzte „St. Philippus und Jacobus" fast aus den Nähten. In den vorderen Bänken knieten die Gäste aus St. Loup-les-Bains: der Bürgermeister, Monsieur le Maire Louis Grosjean mit der Fahne, der gesamte Conseil municipal, darunter ein pensionierter Militär, le Général François de Soufflé, vom Lycée der Deutschlehrer Petitpierre, zwei Englischlehrer vom Collège, ferner die Dolmetscherin Marie-Thérèse Moineau, was Spatz bedeutet und dem Notar Ammann später Anlass zu den entzückendsten Späßchen gab, wie er fand. Aber noch war er ja in der Kirche. Der Kirchenmaier orgelte und griff nach dem Segen noch mal voll in Tasten und Manuale und trat in die Pedale, als sei er auf der Tour de France im Kampf ums gelbe Trikot. „St. Philippus und Jacobus" leerte sich, die Orgelmusik tönte aus dem offenen Windfang. Voran der Bürgermeister nebst Gattin, es folgten das Partnerschaftskomitee unter Führung des frisch gebackenen Vorsitzenden Häfele, die Gemeinderäte jeglicher Couleur, der um die Feuerwehrleute abgespeckte Liederkranz – wenn der ungalante Ausdruck erlaubt ist –, der Reit- und Fahrverein, sofern nicht bei den Turnern, die Musik ohne die Feuerwehrleute, der evangelische Frauenkreis, die Aktiven der Feuerwehr, der Fußballverein, sofern nicht bei der Landjugend, der katholische Frauenkreis, der Theaterverein und nicht zuletzt die Narren, sofern nicht Mitglied in einem der anderen Vereine. Kurzum: Tout-Roethenbronn, wie der Volksmund sagt. Die Musik spielte einen Marsch, das Wetter spielte mit, es versprach, ein schöner Tag zu werden.

Der Liederkranz hatte einen Sektstand aufgebaut. Der Bürgermeister hob sein Glas und hieß die Abordnung aus St. Loup offiziell willkommen: „Bonjour, liebe Freunde, Grüß Gott, chers amis, à votre santé …"

Er war sichtlich noch angegriffen vom zwanglosen Empfang am Abend zuvor. Es war spät geworden, und je später, desto zwangloser. Der Abend zog sich, weil die Unterhaltung unter Einsatz der Häfeleschen Wörterbücher, von Händen und Füßen und längst verschollen geglaubtem Schulwissen geführt werden musste. Die Hedwig Ammann war neben den General de Soufflé zu sitzen gekommen. Zwei Viertela Bodenseewein spülten verschüttete Deutschkenntnisse frei – der General stammte mütterlicherseits aus Riquewihr. Die heißen Mineralquellen von St. Loup seien berühmt seit den Tagen der Römer, erzählte der General. Beim dritten Glas eröffnete er eine zackige Charmeoffensive, und wenn der Vormarsch stockte, half ihm der Kleine Larousse. Die Bäder seien ein Jungbrunnen für Geist und Körper. „Chère Madame", sagte der General und erläuterte die wundersamen Wirkungen. Madame errötete, was ihrem Mann nicht entging und ihr schon lange nicht mehr passiert war. Der alte Pussierstengel, dachte der Ammann. Seine Anzüglichkeiten der Spatz gegenüber waren allerdings auch nicht unbemerkt geblieben. Der Deutschlehrer Petitpierre und die Moineau dolmetschten nach links und rechts und vor und zurück, konnten aber nicht überall sein. Missverständnisse wurden weggelacht, es wurde überhaupt ein fröhlicher Abend.

„Bei den Appenzeller Treffen geht's nicht so hoch her", sagte die Ziergiebel zum Bauer Huonker im Gehen.

„Wie im wahren Leben, Irmela", sagte der, „nach der Hochzeit ist Schluss mit lustig."

Zu Mittagessen und Festakt in der „Sonne" waren aus Platz- und Paritätsgründen nur ausgewählte Röthenbronner geladen, der Rest war eingeschnappt. Man hatte sich also das gelbe

Dictionnärle umsonst gekauft, zwölf Euro für die Katz oder Würscht, je nachdem. Die Geladenen – die Hotwollee, wie die Eingeschnappten sagten – setzten sich in Bewegung. Als man beim Häfele vorbeispazierte, erklärte der Bürgermeister seinem Amtskollegen Louis und dessen Entourage, dies seien die Galeries Lafayette von Röthenbronn – der über sein zweites Viertele geneigte Leser weiß es besser.

Vor dem Eingang zur „Sonne" steht auf einer Schiefertafel „Gut bürgerliche Küche", was Scherzbolde gerne als Drohung bezeichnen. Eine geschwungene Treppe führt in den Fest- und Theatersaal, in den sich die Festgemeinde drängte. An den Wänden hingen Fähnchen in den Farben der Trikolore und vor dem Rednerpult prangte ein allseits bewundertes Bouquet der Frau Häfele in den Baden-Württembergischen Landesfarben Schwarz und Gold – schwarze Stockrosen und gelbe Nelken –, kein Rot. Auf den Tischen lagen zweisprachige Menükarten mit blau-weiß-roter Kokarde.

Menu
Soupe de mariage à la mode des souabes
Schwäbische Hochzeitssuppe
Entrecôte aux oignons avec spätzlés tricolores
Zwiebelrostbraten mit Dreifarben-Spätzle
Tarte aux pommes
Apfelkuchen

„Apfelkuchen mit Pommes, sag bloß?", ließ sich eine Stimme vernehmen. Die polychromen Spätzlés waren ein kreatives Meisterstück der Sonnenwirtin. Die Roten, wie zu erfahren, eingefärbt mit Roter Bete, die weißen Spätzla leuchteten gelb, an den Eiern zu sparen, kam nicht infrage, die blaue Farbe blieb ein Küchengeheimnis.

Mit der Suppe, den Spätzla und dem Pommes-Kuchen legte die „Sonne" Ehre ein, der Rostbraten allerdings, so böse Zungen, sei zäher gewesen als die Verständigung.

Beim Kaffee, zu dem verschiedene Obstwässerchen gereicht wurden, erhob sich der Häfele als Vorsitzender des Partnerschaftsvereins, ging ans Pult, ergriff das Mikrofon und das Wort zur Festrede: „Liebe Freunde, je voudrais bien dire, chers amis, i dät amol sage ..."

Die Moineau kaute noch, auch der Lautsprecher blieb stumm. Der Häfele klopfte mit der Hand auf das Mikrofon, der Lautsprecher machte Rummbumm, der Häfele zählte bis drei: „Un, deux, trois – des ist scheint's ein Pedäderle."

Die Moineau hatte endlich den widerständigen Rostbraten geschluckt und wollte wissen, was denn ein Pedäderle sei.

„Ein Pedäderle ist ein Abberätle, das nur peut-être tut", erklärte der Häfele. Dann legte er sich sein Manuskript zurecht, nahm einen Schluck Weißwein und holte zum großen historischen Wurf aus, beginnend mit dem Gallischen Krieg. Nach dem historischen Wurf machte er einen Sprung in beider Küchen und fasste den Gleichklang franko-schwäbischer Lebensart in einem Satz zusammen: „Der Franzose schafft, um gut zu essen – der Schwabe isst, wie er schafft."

Hier gab es zweimal Szenenapplaus, zeitversetzt durch die Übersetzung. Seit Jahrhunderten ästimiere man hierzulande die französische Kultur und Sprache, fuhr der Vorsitzende fort. Die Herrschaft habe ja gern Französisch gesprochen und auch die durchziehenden Soldaten hätten unüberhörbare Spuren im Sprachschatz des einfachen Volkes hinterlassen, sagte der Häfele, und nun wolle er im gemütlichen Teil seiner Rede von seiner Klassenfahrt nach Frankreich erzählen. Knabengymnasium, lang, lang sei's her. Erste Etappe Mömpelgard. „Montbéliard", übersetzte die Moineau.

Die Klasse habe seinerzeit in der Jugendherberge übernachtet, erzählte der Häfele, im Paterr. Im Stock drüber logierten Damen eines Marseiller Lyceums. Spätabends sei die ganze Bagasch kuraschiert in die obere Etage vorgedrungen – man war ja jung und wief. Die Mädla waren keineswegs schenant und machten auch keine Fissemadenda, aber justament, als es auf dem Schäslo und dem Kanapee und unter dem Plümo zur Sache gehen sollte, kamen die Herbergseltern zufällig zum Fisitiera – es gab ein jesesmäßiges Schbekdakl.

„Mein lieber Scholli!", erzählte der Häfele und lächelte in der Erinnerung, „des war eine Komede wegen dem bissle Pussiera, wir waren schwer in der Bredull, es hieß, mir hätten die Damen molleschdiert."

Die Moineau kam wieder zu Wort. Was denn – nom de Dieu – „keine Fissemadenda machen" bedeute? Der Häfele erklärte, dass „keine Fissemadenda machen" so in etwa bedeute „koi Gschiss machen".

„A oui", sagte sie und übersetzte, dass die Damen „koi Gschiss machten" ins Französische. Als dann aber Ausdrücke fielen wie schalu und dischgriera und die Jünglinge einen auf den Deez kriegten, kam die Spatz ernsthaft ins Flattern. Ihr war halt das altehrwürdige schwäbische Französisch nicht so geläufig. Zum guten Ende seiner Geschichte sagte der Vorsitzende noch: „Madame Spatz, Ihre Übersetzung, also ohne fladdiera zu wollen, i dät amol sage: Schapo!"

Es gab herzlichen Beifall für seine Jugenderinnerung und ein häusliches Nachspiel.

Der Bürgermeister übernahm das Mikrofon: „Ein letztes Wort wegen dem Essen: Ich hoff, es war gnuag."

Das war's und die Moineau erfuhr noch, dass fladdiera bedeutet „schee dua".

Die Reihe war nun an Bürgermeister Louis Grosjean und am Ende ergriffen alle Anwesenden die Gläser und tranken auf die Partnerschaft zwischen St. Loup und Röthenbronn, auf dass sie blühe und gedeihe: „Prost, zum Wohl, à votre santé." Der General prostete der Hedwig Ammann zu und sagte: „Chère Madame, bitte sagen Sie François zu mir!"

Nach dem Prosten auf Blühen, Gedeihen und Gesundheit hörte man Stuhlrücken. Gereon, ein in und um Röthenbronn herum bekannter Heimatdichter, meldete sich, er würde auch gerne einen Beitrag zur Völkerverständigung leisten. „Bravo Gereon", riefen einige. Der heimische und über sein drittes Viertele geneigte Leser weiß, was nun kam. Der Gereon stellte sich vor, er sei vom Ort und der Götte vom Bürgermeister. Die Franzosen verstanden „Goethe", womit sie ja nicht gänzlich daneben lagen. Nun komme eine Überraschung, sagte der Dichterfürst. In Absprache mit dem Liederkranz und seinem Leiter, dem Herrn Organisten Maier, habe er eigens für diese Feier ein Lied gedichtet, das Röthenbronner Lied nach der Melodie „Alt-Heidelberg, du feine". Der Kirchenmaier setzte sich ans Klavier und bat alle Anwesenden, in den Refrain mit einzustimmen: „Mein Röthenbronn im grünen Tal, ich grüße dich viel Tausend Mal!"

Der Liederkranz stellte sich vor der Bühne auf und stimmte das Lied an:

„O du, mein schönes Röthenbronn,
du meiner Liebsten Hort,
wie traulich liegst du in der Sonn,
doch muss ich wieder fort."

Nun der Refrain:
„Mein Röthenbronn im grünen Tal, ich grüße dich viel Tausend Mal!"

Dem Leser sollen nun nicht alle zwölf Strophen zugemutet werden. Kurz der Inhalt des Werkes: Nachdem der Ich wieder fort muss, wandert er in den Frühling hinein und heraus und es herbstet und schneit, dann blüht wieder der Löwenzahn, die Jahre und der Wanderer gehen ins Land, und der Wanderer muss wandern, von einem Land zum andern. In der Heimat stirbt die Liebste vor Gram – er ist nicht wiederkommen, ein andren hat sie gnommen –, doch ihr Herz schlägt stets für den fernen Geliebten. Endlich kehrt der Rastlose mit silbernem Haar nach Röthenbronn zurück, aber seiner Jugend Glück liegt in der kalten Erde, und so endet das Lied mit der letzten Strophe und des Wanderers letztem Wunsch:

„Ich kehr zurück, das Haar ergraut
nach Jahren in der Fremd,
nun leg ich mich zu meiner Braut
in meinem letzten Hemd."

Und der Saal stimmte ein: „Mein Röthenbronn im grünen Tal, ich grüße dich viel Tausend Mal!"

Bei den Röthenbronnern flossen Rotz und Wasser. Letzteres aus den Augen. Gelacht wurde nur ganz verstohlen – gewissermaßen unter der Hand. Als der Beifall abebbte, stand der General auf, hob das Weinglas zur Brust, knallte die Hacken zusammen und rief in den Saal: „Vive le Roethenbronn libre!"
Den Bürgermeister riss es vom Stuhl: „À votre santé, mon Général!" Und der ganze Saal stimmte mit ein: „À votre santé, mon Général!"
Die Hedwig Ammann rief: „Bravo, Franz!"
Der Bürgermeister wandte sich zu seinem Amtskollegen Grosjean und sagte: „Louis, ich glaube, dies ist der Beginn einer wunderbaren Freundschaft!"
So entwickelte sich die Feier zum Besten. Ammanns Hedwig schwärmte von ihrem traumhaften Urlaub an der bretonischen Côte Sauvage, von den frischen Austern, knackigen Meeresspinnen, saftigen Steaks und grünen Riesenschnecken mit Biss und Mayonnaise. Er neige mehr zu bodenständiger Küche, gestand der General: „Chère Edwiesche, wissen Sie: á la bonne femme."
Dann blätterte er im Kleinen Larousse und sagte: „Voilà – Hausmannskost."

Nach dem Kaffee und den Wässerchen ging die Festgemeinde Luft schnappen und zum schwäbisch-provenzalischen Abschlussfoto auf der Treppe des Röthenbronner Schlosses.

Die Ammann hängte sich bei ihrem Mann ein: „Ammännle, diese Franzosen, ein charmantes Volk, gell, ich weiß gar nicht, was du immer hast. Nächstes Jahr fahren wir in die Provence, wir sind eingeladen, jetzt wird Französisch gelernt – allong sangfang!"

Figaros Tod

Viel hätte nicht gefehlt, und der Haarwiese wäre am Donnerstagabend geköpft worden. Aus Versehen. Dies zur Einstimmung, damit Sie wissen, was auf Sie zukommt. Falls Sie ein zartbesaiteter Mensch sind, dann schauen Sie halt weg, wenn's zur Sache geht – ich sag Ihnen rechtzeitig Bescheid.

Der Haarwiese ist, wie sein Name sagt, der Friseur von Röthenbronn mit Taufnamen Alois, daher Wiese – das wussten Sie schon, gell! Über dem Eingang in der Schlossgasse hängt an zwei Ketten ein blau gefasstes ovales Emailleschild, groß wie eine Schlachtplatte in der „Sonne": „Alois Zimmerjock – Friseursalon". Das Schild baumelt und quietscht, wenn der Föhn über die Moränen bläst. „Salon" steht da – nicht „Saloon". Wir sind im westlichen Allgäu und nicht im wilden Westen – obwohl, an besagtem Abend…

Das Firmenschild hatte schon der Großvater angebracht, auch er ein Alois wie sein Junior und der Enkel. Wiese III., um dessen Kopf sich diese Geschichte dreht, hat bis heute allen Versuchungen der Neuzeit widerstanden, sein Geschäft in Hairsaloon, Haircraft, Hairconcept, Hairstyling oder Hairlounge umzutaufen.

„Sicher schwätzen die Hairkillers in ihren Cutroom's astreines Englisch mit ihrer Kundschaft", sagt der Wiese.

In Wieses Salon gibt's keinen Whisky wie im Saloon, sondern wohlriechende Haarwässer. Hinter der großen Flasche Birkentinktur versteckt sich allerdings ein Zwetschgawässerle für die Stammkunden. Gelingt das Entkorken nicht bloppfrei, dann tönt's aus der Damenabteilung: „Aha" – das „ha" eine Terz höher als das „A". Das ist die Meisterin.

Der Bauer Huonker ist der erste Kunde der neuen Woche, die Tür zum Windfang öffnet sich, die Ladenglocke bimmelt.

„Guten Morgen, Wiese, wie goht's?"

Der Wiese schiebt wortlos den Friseursessel unter den Huonker und bruddlet vor sich hin. Der Huonker schnappt nur noch die letzten Silben auf: „... hot mir grad no gfehlt."

Kaum hat der Huonker Schaum um den Mund, geht die Glocke schon wieder. Es fließt das erste Blut in dieser Geschichte, der Wiese hatte dem Huonker das Rasiermesser an den Hals gesetzt, da dreht der den Kopf nach der Tür. Es ist der Maier.

„Grüßt euch Gott. Wie lauft's, Wiese?"

„'s goht."

„Vier plus, scheint's – mit Rücksicht auf die Eltern", sagt der Schulmeister Maier und zwinkert dem Huonker zu.

„Du solltest mal wieder des Rasiermesser dengla, Wiese!", sagt der Huonker, bekommt aber keine Antwort.

So wortkarg der Wiese heute ist, so gerne macht er's Maul auf im Kirchenchor von „St. Philippus und Jacobus" und im Liederkranz und, wenn er grad ohne Kundschaft ist, tönen aus dem Laden die Arien seiner Kollegen, der Figaros und Barbiere. Die Hochzeitsreise machten die Zimmerjocks extra nach Sevilla, mit dem Käfer. „Mit meine zwei Käfer", sagt er – es ist schon eine Weile her.

Auf dem Heimweg vom Stammtisch verwandelt sich der Wiese allwöchentlich in das Faktotum der nachtschlafenden Welt, und, wenn's richtig spät wird, schreitet der Fi-i-igaro gravitätisch durch die Schlossgasse. Die Nachbarn beschweren sich dann bei seiner Frau – auch wegen der Lautstärke.

Der Maier nimmt jetzt den Zeitungshalter mit der „Schwäbischen" vom Haken. Er ist Vorsitzender der Theatergesellschaft, er ist der Theatermaier. Am Ort gibt's noch zwei weitere Maier von öffentlichem Interesse: den Kirchenmaier, was keiner Erklärung bedarf, und den Wirtschaftsmaier. Der ist tagsüber in der freien Wirtschaft tätig und abends in der „Sonne".

„Wiese, pass auf", sagt der Maier hinter der Zeitung, „die Walburga hockt bei mir im Auto, budelnacket. Sei so gut und kümmre dich um ihre Frisur. Die Kleider sind beim Schwerle daheim."

Statt einer Antwort fuchtelt der Wiese nur mit dem Rasiermesser.

Der Satz über die nackte Burgl auf dem Rücksitz des Theatermaierschen Autos und den Verbleib ihrer Kleider könnte leicht zu Ungunsten des Theatermaiers und des Heribert Schwerle ausgelegt werden.

Zu deren Ehrenrettung und zur Aufklärung komme ich jetzt auf das neue Theaterstück der Röthenbronner Theatergesellschaft zu sprechen.

Die Uraufführung fand am vergangenen Donnerstag im Theatersaal der „Sonne" statt – Titel: „Maria Stuagat". Das Drama verfasste der voralpenländische Krimiautor Georg Simon. Das Drama spielt im sechzehnten Jahrhundert und bedient sich, wie der Kenner Weimarer Klassik am Titel unschwer erkennt, gewisser Anleihen aus dem Werk eines ebenfalls schwäbischen, aber lange vor dem Simon verstorbenen Autors.

Das Stück stammt also vom Schorsch und ist eine Auftragsarbeit des Theatervereins. Dessen Vorstand wünschte sich mal was außer der Reihe, eine schwäbische Moritat, in Knittelversen – „so Versla halt!"

Zunächst hatte der Schorsch abgewinkt. Bei „so Versla" schaudere es ihn, das Genre überlasse er gerne den Familiendichtern. Was ein Familiendichter ist? Da muss ich etwas aus-holen: Nehmen wir meinen Onkel Gereon. Der zieht bei jeder Taufe, Kommunion, Konfirmation und Firmung – sobald man wehrlos beim Essen hockt – einen Zettel aus dem Jackett, steht auf, klopft an sein drittes Viertele und sagt: „Etz looset amol." Er habe da ein paar Versla verfasst, es sei eigentlich it dr wert, aber statt es, weil's ja it dr wert ist, zu lassen, trägt er es dennoch vor – „höret ihr mi da hinta?" In jeder Familie gibt es einen Onkel Gereon, und wenn ein Fluch auf der Familie liegt, auch zwei.

Das Gedicht zu meiner silbernen Hochzeit habe ich mir gemerkt – es endete mit dem Reim:

„Euch bleibt nun Zeit für manche Sachen,
die als Paar viel Freude machen."

Es wurde anzüglich gelacht. Die lautesten Lacher habe ich mir gemerkt.

Onkel Gereons Geburtstagselogen beginnen gerne mit:

„Kaum zu glauben, aber wahr,
der Helmut von Oggelshausen am Federsee wird siebzig Jahr!"

Wenn Ihnen das Versle gefällt, setzen Sie einfach Ihren Namen, Ihren Heimatort und Ihr Alter ein.

Im weiteren Verlauf des Epos reimen sich Schätzle auf Spätzle, Most auf nix kost, bruttla und Kuttla, Würstla und Salat auf bigoscht allat, dann kommen ein paar Familienkata-strophen … kaum geboren, schon verloren …, und zu guter Letzt wünscht der Gereon „dem Jubilar noch ganz viel gsunde Jahr". Dann singen die versammelten Erben „Happy birthday to you". Den Leuten gefällt's, an den vorderen Tischen wird bläret und gschneuzt.

Im Grunde ist der Gereon ein herzensguter Mensch.

Dem Theatermaier war es trotz aller Einwände mit viel Flattieren und Spätburgunder gelungen, den Schorsch zu überreden. Für den guten Zweck. Aber eines wolle er mal festhalten, sagte der Schorsch: Wegen dene Dreimarkfuffzig, dem Nasewasser, das er als Honorar bekomme, mache er es ganz gwieß nicht.

Wenn man vom Teufel redet – grad macht es Blopp und Aha, da betritt der Schorsch den Laden: „Mir bitte auch eins, Wiese, ich komm grad zufällig vorbei."
Und zum Maier gewandt: „Was kutschierst du nackete Weiber durchs Dorf, wenn das deine Frau sieht."

„Maria Stuagat" ist also eine Moritat, an deren Ende die Hauptdarstellerin den Kopf verliert. „Hauptdarstellerin eben", sagte der Schwerle bei den Proben. Den Kopf verdreht ihr bereits im zweiten Akt ein jugendlicher Galan aus Stuttgart. Falls Sie den Heribert Schwerle noch nicht kennen: Er ist Maler und Bildhauer und beim Theaterverein für Requisiten, Kostüme und das Bühnenbild zuständig.

„Zum Wohl, Obst ist gesund", sagt der Wiese. Er taut auf, das Zwetschgawässerle tut seine Wirkung. Da tönt schon wieder die Ladenglocke: der Schwerle. „Da komm ich ja wie gerufen."
Er habe das Auto vom Maier gesehen, mit der nackten Burgl im Fond, und wolle nur Grüß Gott sagen. Und Prost.
„Etz sind dia Rechte beieinander!" Die Chefin kommt zum Grüß Gott-Sagen vom Damensalon rüber und neigt sich über den Huonker: „Du hast mir den Wiese ja schön zugerichtet."

Das Stück „Maria Stuagat" ist, wie bereits gesagt, eine Moritat. Für die sechs Auftritte im Theatersaal der „Sonne" konnten die Küchenliederleute aus Mucksenburg gewonnen werden. „Ein Hauptgewinn", so einhellig die Besucher nach der Uraufführung.
Die zwei Dutzend küchenhistorisch geschürzten Bänkelsängerinnen ziehen seit Jahren durchs Schwabenland und bringen ihre Schauerballaden zum Vortrag. Außerdem schlep-

pen sie zum Vortrag ihre Küchenutensilien mit, die Moritatentafeln und fünf Männer. Die Herren fungieren je nach Veranlagung und Statur als Schürzenjäger, Geliebter, Kindsvater des Bankerts und als Räuber oder Gendarm. Als könnten sie kein Wässerchen trüben, singen die Damen mit ihren feengleichen Stimmen blutrünstige und gruselige Lieder von ausgemachter Brutalität – könnte man in ihr Innerstes blicken, man würde wohl erschaudern.

Die Steffi ist die Oberin der mordlustigen Schwestern. Mit ihrem Zeigestock deutet sie auf handgemalte Bildtafeln, mit einem Nicken gibt sie der Cäcilia den Einsatz für den Leierkasten und kommandiert den Gesang. Zum Beispiel den „Vom schrecklichen Ende der Jungfrau Grete und ihres Boschenjägers".

Hier die letzte Strophe:
„Die Leiter steht, mit letzter Kraft
er's bis zur letzten Sprosse schafft.
Schier hätten sie die Lieb genossen,
doch da bricht die Leitersprossen.
Der Jäger stürzt ins Güllafass
mit dem Kopf voraus, sodass
er ertrinket in der Gülle –
also war es Gottes Wille."

So geschmackvolle Sachen singen die Küchenliederleute, die blutige Maria Stuagat ist ihre Welt.

Für die Maria Stuagat braucht es keine Moritatentafeln, stattdessen stellen die Schauspieler von der Theatergesellschaft die Geschichten szenisch dar. Die Gisella Potmesil-Schmied gibt die Maria, den Scharfrichter spielt der Huonker, der Wiese tritt im ersten Akt als Kammerjäger auf.

Die Proben ließen sich gut an, wollen Sie eine Kostprobe? Kostet nichts!

Zu Beginn steht die Steffi vor dem geschlossenen Vorhang und erklärt dem verehrten Publikum:

„Etz looset au und luagat,
jetzt kommt d' Maria Stuagat!"

Mehr will ich Ihnen nicht verraten und springe gleich zur Schlussszene:

Der Henker steht im Halbdunkel, das Beil in der Hand. Dem Bauer Huonker mit seiner kräftigen Postur ist die Rolle wie auf den Leib geschnitten, er hat sich außerdem eine

schwarze Kapuze beschafft, Marke „Schwarzer Abt", für sechs Euro neunzig. Das original Henkerbeil aus dem 16. Jahrhundert ist eine Leihgabe aus der Waffenkammer des Röthenbronner Schlosses, die Herrschaft besaß die Hohe Blutgerichtsbarkeit.

Vor dem Richtblock kniet die Maria Stuagat und blickt in einen Obstkorb vom Huonker. Die Steffi steht am Bühnenrand, zeigt auf den Henker und singt:

„Der hackt mit seinem Beil
d' Maria in zwei Teil.
Ihr Kopf blotzt in de Krätta
und ist nicht mehr zu retta."

Der Henker schlägt zu. Mit dem Refrain begleiten die Küchenliederdamen die Seele der Maria ins himmlische Jenseits:

„Ihr Kopf blotzt in de Krätta
und ist nicht mehr zu retta!"

Die Maria liegt im Halbdunkel auf den irdischen Brettern, der Henker greift in den Korb, packt das Haupt der Maria an den Haaren und zeigt es dem Volk.

Vorhang.

„Was ist jetzt mit der Burgl, Wiese?", fragt der Maier.

Der Wiese fährt dem Huonker mit dem Nackenpinsel über Kopf und Kragen, sagt: „Fertig", und zum Schwerle: „Das passt grad. Nimm du die Burgl erst mal mit und zieh sie an, bevor ich sie frisiere."

„Der Heribert setzt die Dame glatt auf die Fahrradstang und fährt durchs Dorf", sagt der Simon.

Bei den Kostümproben stellte sich heraus, dass die Gisella-Maria eine halbe Ewigkeit brauchte, um aus ihren herrschaftlichen tausendknopfigen Gewändern in die Opferrolle zu schlüpfen, und so zog sich der Szenenwechsel vom Palast zum Schafott ungebührlich in die Länge. Der Huonker schlug vor, eine weitere große Pause einzulegen, dann könne der Saal auch Bier und Vesper nachbestellen, Henkersmahlzeit. Dramaturgisch untragbar, wehrte sich der Maier gegen die Unterbrechung, der Simon wurde laut: „Goht's no, Huonker? Wo bleibt die Pi-e-tät? Hier das Opfer im Büßerhemd und dort Kartoffelsalat und Schiebling mit Senf!"

Der Schwerle beendete den Disput mit dem Vorschlag, die Maria bei der Hinrichtung durch eine Schaufensterpuppe vertreten zu lassen, Problem gelöst.

Und siehe da: Beim Kaufhaus Häfele stand die Gewünschte im Fenster, gut gekleidet und vom Häfele Walburga getauft. Der Häfele hatte a Krumms und a Grads wegen der Trachtenmodewochen, heute zum Beispiel trage die Walburga ein oberfränkisches Dirndl – hinreißend sehe das Mädle aus. Man hätte meinen können, die Burgl sei dem Häfele sein Nahschlupferle. Zu guter Letzt konnte ihn der Maier umstimmen, musste aber alle Eide schwören, die Dame rechtzeitig zur Herbstkollektion und unberührt zurückzubringen – „asse ganz".

„Virgo intacta", versprach der Maier. Er hat das kleine Latinum.

Versprochen ist versprochen, aber wie der Walburga den Kopf abschlagen, ohne sie zu verkratzen oder ihr sonst ein Leids zu tun, sechs Mal hintereinander, bei sechs Vorstellungen?

Der Huonker hatte die Königsidee: Drainagerohr. Bitte was? Ja doch, ein Drainagerohr. „Der Puppe schrauben wir den Kopf ab und stecken ein Stück Drainagerohr als Muffe zwischen Kopf und Schulter, Nennweite 125." Technisch nenne man so was eine Sollbruchstelle. Reststücke habe er en masse, sagte er, und lud den Schwerle ein zum Üben im Holzschopf – zur Gaudi. Bei den Probeenthauptungen erwies sich allerdings der Kunststoff als verflixt zäh, der Hals war mit einem Schlag des verrosteten Henkerbeils nicht zu durchtrennen. Der Huonker fackelte nicht lange, legte die kostbare Antiquität auf seinen Dengelamboss, hämmerte und wetzte – man hätte a Wiesle mähen können mit der sensenscharfen Axt. „Scharfrichter, nicht Stumpfrichter." Nennweite 125 entspricht Kragenweite 39, das passte ganz gut.

So war alles bestens eingeübt, Dutzende Male pannenfrei geprobt, der große Abend konnte kommen.

Wer aber nicht kam, war der Häfele mit der Burgl. Der Maier ist noch heute empört: „Sage und schreibe drei Stunden vor der Uraufführung kommt der Bachel endlich daher und sagt, er könne die Burgl nicht aus dem Fenster nehmen, das Dirndlgeschäft laufe wia d' Sau wegen dem schönen Wetter – höhere Gewalt, Trachtenwoche bis Samstag verlängert."

Unmöglich, in der kurzen Zeit Puppenersatz zu beschaffen. In dieser verzwickten Lage hat sich der Wiese breitschlagen lassen, fürs Theater den Kopf hinzuhalten. So sagt man doch!

Der Huonker steht an der Kasse, er muss in den Stall. Beim Zahlen klopft er dem Wiese auf die Schulter: „Komm etz, Wiese!" Der Wiese brummt etwas Unverständliches, damit ist die Sache begraben. Der Maier setzt sich in den vorgewärmten Sessel. „Wiese, du hast die Aufführung gerettet, das wird dir der Verein nie vergessen! Figaro, bravo bravissimo."

Der Saal war ausverkauft. Der Huonker hatte sich von der Aufregung in der Garderobe anstecken lassen, verdrückte sich im ersten Akt in die Wirtsstube und musste wohl Lampenfieber senkende Mittel eingenommen haben – augenscheinlich in hohen Dosen, oder Gläsern. Später meinte er entschuldigend, dass es für Scharfrichter im Mittelalter ja auch keine Promillegrenze gegeben habe. Jedenfalls musste man ihn zu seinem Auftritt abholen, er griff sich in seinem Bälle das Werkzeug, bekam die Henkerkapuze übergestülpt und wurde ins Halbdunkel neben den Henkersblock geschoben.

Vorhang hoch.

Die Maria Stuagat, oder der Wiese, wenn Sie wollen, kniete vor dem Hackklotz.

Achtung! Ich wollte Sie warnen, sobald's zur Sache geht! Der Henker hob das Beil mit beiden Händen, in der atemlosen Stille erklang die liebliche Stimme der Steffi:
„Der hackt mit seinem Beil
Maria in zwei Teil",
dann schlug er zu. Der Wiese, das heißt die Maria Stuagat, kippte ins Dunkel, der Huonker strauchelte, griff im Fallen in den Korb, dann fing er sich wieder. Im Takt des hin und her pendelnden Kopfs der Maria erklangen die Engelsstimmen der Küchenliederleute:
„Ihr Kopf blotzt in de Krätta
und ist nicht mehr zu retta!"
Schluss, Vorhang – aus!
Den Solo-Kopf hatte die Frau vom Wiese, die Meisterin, buchstäblich in letzter Minute aus dem Fußball der Enkel und einer Fasnetsperücke gebastelt.

Der Wiese hält den Handspiegel hinter den Maier: „Recht so?"
Dann schüttelt er den Frisierumhang aus und sagt: „Ihr habt guat lache, der besoffene Depp hat granatemäßig zugschlaga, ich hab noch heut einen Riebel wie nach sechs Halbe!"
„Do gucket amole!" Er beugt sich vor und zeigt den drei Herren den roten Striemen im Genick.
Als der Maier sagt: „Tut mir leid, Wiese, aber mit der Styroporaxt konnte ja eigentlich nix passieren!", da bricht es aus dem Wiese heraus: „Styropor, Styropor, nix passieren, ihr Grasdackel! Das kam mir erst nachher in den Sinn: Stellt euch vor, der Huonker hätt in seinem Rausch die scharfe Axt erwischt!"

Unter der Tür dreht sich der Simon um: „Ratet mal, wie mein nächster Krimi heißt?"

„Figaros Tod!", sagen der Schwerle und der Maier im Duett. Draußen sind sie, die Burgl umzuladen.

Der Schwerle steckt nochmals seinen Kopf in den Salon: „Figaro, loos, die richtige Axt war bei mir im Keller eingeschlossen. Mach's gut!"

Noch Wochen nach dem denkwürdigen Ereignis hieß es in Röthenbronn: „Um ein Haar hätt's den Wiese erwischt!" Dann lachten die Leute.

Das Geheimnis der Achquellen –
Eine Forschungsreise ins Allgäu

––––––––

Dieses Gschmäckle in der Luft, das haben Sie doch auch gerochen, gell! Jahraus, jahrein hat es im ganzen Land gemuffelt, aber als ich einmal den Nachbarn gefragt habe, warum es denn bei ihm so muffele, war der gleich eingeschnappt.

„Das ist der Schneiderbennes von Ampfelbronn", sagte der Nachbar, der Bennes sei halt wieder am Bschitten.

Das konnte aber nicht stimmen, denn der Bennes hat seiner Lebtag nur am Freitag bschittet – weil nachher gebadet wird.

Das Rätsel hat mir keine Ruhe gelassen, ich musste dem immerwährenden Gschmäckle einfach auf den Grund gehen. Und jetzt stellen Sie sich vor, was da seit Urzeiten unsere oberschwäbische Luft geschwängert hat! Ich sag's Ihnen: Das ungelüftete Geheimnis der Quellen der Wolfegger Ach! Das Geheimnis ihres Ursprungs ist nie gelüftet worden, und so muss es bereits kurz nach der Eiszeit begonnen haben zu riechen, als die Ach ins Laufen kam. Bei den Römern muss es schon so grausig gemuffelt haben, dass sie 476 ihre Sachen gepackt haben, das Abreisedatum ist ja bekannt –, später hat es dann unter Kaisers und Königs und den anderen Herrschaften, den Karles und Heinis, den Fritzen und den Willis und allen anderen einfach weitergemuffelt. Das Volk hat schon die Nase gerümpft, aber nur unter der Hand, unternommen hat niemand was.

So sind halt die Leut: Nur nichts hören und sehen, auch wenn's zum Himmel stinkt.

So ging das Tag für Tag, und Nacht für Nacht, 17.000 Jahre lang, bis zu dem Mittwoch, an dem meine Erzählung beginnt. Da nämlich habe ich meinen Fischer-Stammtisch im „Grünen Baum" überredet, endlich das Geheimnis der Achquellen zu lüften. Ich hab die hohen Herren bei ihrer Ehre gepackt: Wie sieht denn des aus, habe ich gefragt, wenn das so weitermuffelt im angeblich so sauberen Oberschwaben! Der Bimmlings Hubert hatte zwar Bedenken, Lüften sei kein Honigschlecken, aber mein Stammtisch, da war ich mir sicher, der packt das, das sind rechte Kerle, die stemmen alles.

Ich habe die Geschichte dieser Expedition aufgeschrieben. Die anderen Teilnehmer haben keine Zeit zum Schreiben oder so was, die sind verheiratet, oder müssen zum Schaffen, oder beides.

Jeden Mittwoch ist Vierkönigstreffen in Witschwende im „Grünen Baum". Wenn Sie einmal gut vespern wollen, im „Grünen Baum" sind Sie richtig. Sie können sich auch gar nicht verfahren, Sie müssen nur hinter der Höll rechts ab, am Elfenweiher links – Montag Ruhetag.

Am besagten Mittwoch also, Schlag halb acht, zogen die Fischerkönige in den Spiegelsaal ein. Oben an den Stammtisch setzte sich der Bimmlings aus dem Schussental, daneben der Kaschützke. Ihm zur Rechten thronte bereits der Petrus Balthases aus Toberazhofen und endlich geruhte auch unser Graf Platz zu nehmen. Auf dem Fenstersims steht seit Jahrzehnten der Wanderpokal. Der Kaschützke ist zuoberst eingraviert – frisch gekrönter König, dank einer Bachforelle von achthundertsiebzig Kilo. Nicht jeder bringt es zum König, ich bin das Volk, und das sitzt unten am Tisch.

Im Spiegelsaal vom „Grünen Baum" saßen schon die Urväter der Fischer. Das waren gottsallmächtige Fischer, die haben Fische gefangen, das kann sich so ein junger Mensch wie Sie gar nicht mehr vorstellen.

„Und allen Stürmen haben sie getrotzt auf dem Hasenweiher", sagte der Balthases und erzählte von der wunderlichen Errettung seines Vaters. Der alte Hippolyt hatte auf dem Hasenweiher geangelt, und einen Riesenwels an der Schnur.

„So einen Kerle", sagte der Balthases, „länger als das Boot, und als er den Fisch außen am Ruderboot festmachen will, ist er gekentert und mitsamt seinem Leberkäswecken von dem dicken Fisch verschlungen worden. Drei Tage und drei Nächte hat er in den Fischkutteln verbracht. Dann geschah das erste Wunder, dass er nämlich nach den drei Tagen und Nächten wieder heim gekommen ist. Nach Tran und sauren Kutteln hat er geschmeckt, und als er seiner Frau die Geschichte erzählt hat, da geschah das zweite Wunder, dass nämlich die Frau die Geschichte geglaubt, mindestens aber geschluckt hat. Das hat mir der Vater noch selber erzählt!"

Das Ganze komme ihm irgendwie bekannt vor, meinte der Graf.

„Kann sein", sagte der Balthases, „vielleicht habe ich's ja schon mal erzählt."

Der Albert Kaschützke hatte nur Sturm und Tran, saure Kutteln und Wunderglaube verstanden. Er ist neu am Stammtisch, ein reigschmeckter König.

Es sei nun langsam an der Zeit für ihn, Schwäbisch zu lernen, sagte der Graf, das sei ja auch ganz einfach und erfordere keine größeren geistigen Gaben, er brauche sich ja nur umzuschauen! Zum Glück für ihn kam nun die Elflinde mit der zweiten Runde und der Vesperkarte. Die Herren seien ja schon in bester Stimmung, sagte sie, und Tellersulz mit Bratkartoffeln sei aus!

Um abzulenken, erzählte der Graf, er habe für die Ferien wieder Kanada gebucht. Der Dawson Charlie und er werden sottige Lachse aus dem Yukon ziehen. Bei dem Wort „sottige" riss er die Arme auseinander, aber die Elflinde kannte den Trick und machte einen Schlenker.

„Die Goldwäscher dort nennen mich nur den Allgay Bill!" Der Balthases Petrus fischte einen Brocken Gips aus seinem Bierglas, der Graf solle nicht so auf den Putz hauen.

Es geht immer recht lustig zu beim Stammtisch. Einen Abend in der Woche muss der Mann aus dem Haus, die Frau würde ja sonst trübsinnig. Der Bimmlings kommt freiwillig zum Stammtisch, der hat keine.

Kaum war die Elflinde wieder draußen, fingen wir mit den ersten Sprechübungen an, Schwäbisch und Bodenseealemannisch.

„Zuerst kommt das Essen", sagte der Graf zum Kaschützke, und nahm die Karte zur Hand: „Merk dir die drei großen schwäbischen Gehs – Guat, Gnuag, Günstig!"

Und dann redeten alle auf den armen Albert ein.

„Buebespitzla sind geschupfte Teigwaren", sagte der Balthases.

Der Bimmlings erklärte, Nackete Mariela seien unbekleidete Schupfnudeln und Schupfnudeln seien Bubenspitzlein.

„Upgraded mit Grumbira", verbesserte der Graf, seit Kanada hat er's mit den Fremdsprachen.

„Nackete sind Bratwürste, wie die Mariela", fuhr der Bimmlings fort.

„Typisch Junggeselle, nichts anderes im Kopf", sagte der Balthases.

„Eine Riebelessupp ist eine Brühe mit manuell oder maschinell geriebener Einlage!" – der Balthases ist Ingenieur.

Der Bimmlings beendete das Kuttelwelsch, wie er immer sagt, jetzt komme die Kultur. Für das kultivierte Gespräch mit den einsilbigen Einheimischen genügten drei Dutzend ein- bis zweisilbige Wörter. Wichtig sei das Gespür, unfreundlich klingende Äußerungen von unfreundlich gemeinten unterscheiden zu können. Nach zehn Minuten schlug der Stammtisch den Kandidaten zur mündlichen Prüfung für das Kleine Suevicum vor. Sobald die Bedienung käme, solle er laut und deutlich sagen: „Elflinde, dia nächste fünf Halbe auf mai Rechnung!"

Nach den Saitenwürstla griff der Balthases das Urlaubsthema wieder auf: Er gehe mit der Balthäsin eine Woche ins Donautal, und ob die aus den Wäldern des Nordens denn wüssten, wo die Donau entspringt.

„Heimatkunde ist eine meiner ganz starken Seiten – jahrelang habe ich Quellenstudium betrieben", sagte der Graf. „Brigach und Breg bringen die Donau zustande!"

Der Bimmlings meinte, die Donau entspringe im Schwarzwald bevor sie versickert, und was aus dem Aachtopf wieder herauskomme, das sei der Rhein – da brachte die Elflinde das Examensbier vom Kaschützke in den Spiegelsaal. Der Spiegelsaal hat übrigens seinen Namen nach dem Spiegel über dem Handwaschbecken. In welche Klippfisch-Schule die Herren Angler denn gegangen seien, fragte die Elflinde, die Donau habe vier Quellflüsse: „Iller, Lech, Isar, Inn, fließen zu der Donau!"

Wo sie das so nett gereimt hatte, da musste der Stammtisch ihr natürlich mehr als Recht geben. Sechs Quellflüsse hat die Donau, damit war die Donau geklärt.

Als ich aus heiterem Himmel die Frage nach der Quelle der Wolfegger Ach stellte, da wurde es so still, dass man eine Halbe Bier fallen hören konnte. Die Angler hatten keine Ahnung. Irgendwo hinten im Bayerischen sagte einer, der ungenannt bleiben will, der Bimmlings wusste aus sicherer Quelle, die Ach sei der Ausfluss aus dem Hasenweiher, der Graf sprach vom Ausfluss einer vom Weizenbier benebelten Fantasie. Der Kaschützke hat nur mit dem Kopf geschüttelt, sein Wortschatz reichte für anspruchsvolle Gespräche eben noch nicht aus.

An diesem Punkt habe ich eingehakt, Sie wissen schon, wegen des Gschmäckles. Ich habe den Fall erklärt, und ob der Stammtisch nicht das Geheimnis der Achquellen lüften könnte. So dürfe das nicht weiter muffeln, habe ich gesagt, und an die Heimatliebe appelliert.

„Jetzt wo du es sagst, rieche ich es auch", sagte der Balthases.

Der Graf hat sofort die ganze Dimension erfasst, es handle sich hier um eine der wenigen verbliebenen, großen Herausforderungen unserer Zeit. Eine klassische Forschungsreise wurde beschlossen, und der Lüftungstermin auf den Samstag festgelegt.

Der denkwürdige Abend endete mit der Gründung der „Großen Allgäuer Gesellschaft zur Lüftung des Geheimnisses der Quellen der Wolfegger Ach", mit dem Zusatz „unter besonderer Berücksichtigung des Hasenweihers", damit der Bimmlings endlich Ruhe gab. Den Grafen haben wir zum Präsidenten gewählt, in Abwesenheit, weil er grad dringend raus musste. Um Mitternacht kam die Elflinde und rief in den Spiegelsaal: „Feierabend, jetzt wird gschtualet und glüftet!"

„Das war der Ruf der Wildnis!", sagte der Graf, er muss immer das letzte Wort haben.

Abmarsch sollte am Samstag so gegen neun sein, hinten bei den Kaschützkes im Waldsack, weil man da so günstig im Grünen parken kann. Ich habe ein Foto von den Forschungsreisenden gemacht, schauen Sie: Lachende und glatt rasierte Gesichter, noch nicht gezeichnet von den Strapazen und Entbehrungen. Von links nach rechts: Das ist der Kaschützke – seine Ortfriede, eine Hiesige, ist noch in der Küche wegen der Eier –, daneben der Graf mit dem Bärenglöckchen und die Gräfin. Der dort ist der Balthases, seine Frau geht nie mit, rechts der Bimmlings ohne Gepäck, in Sandalen, er ist halt doch ein Oigener. Ich bin nicht so gut drauf, weil ich wegen des Selbstauslösers ins Bild springen musste.

Ja, und das Gschmäckle war auch da, wie bestellt. Der Kaschützke hatte die Königsidee gehabt, uns vom Geruch führen zu lassen. Das Gschmäckle sehen Sie auf dem Foto natürlich nicht.

Als die Eier hart genug waren, und die Expedition gerade aufbrechen wollte, sagte der Bimmlings, aus Sicherheitsgründen müsse eine Rettungswacht zurückbleiben. Er opfere sich und bleibe im Basislager. Falls Not am Mann oder an der Frau sei, könne man ihn jederzeit rufen, die Nummer vom „Grünen Baum" sei ja bekannt.

Durch den Lärm aufgeschreckt, hatten sich die Nachbarn eingefunden.

„Wer weiß, ob wir die jemals wiedersehen", sagte eine unter Tränen, und alle guten Wünsche und Hoffnungen begleiteten die mit Landjägern, Knauzenwecken, den harten Eiern, Bier, Kompass und Signalraketen „mühselig Beladenen", wie der Balthases sich ausdrückte. Der Graf als Expeditionsleiter schulterte die Verantwortung, setzte sich an die Spitze der Trägerkolonne und führte sie in Richtung Hasenweiher und der längst aufgegangenen Sonne.

„Alle Wege führen nach Rom", sagte die Ortfriede, „also aufgepasst, und vor Rom beim Boschenweiher links ab, und die innere Einkehr nicht vernachlässigen."

Auch der Graf schwärmte bereits nach hundert Metern vom Einkehren und vom Wurstsalat im „Goldenen Bären", der Gaisburger Marsch im „Goldenen Hasen" sei so wenig zu verachten, wie der Wildgulasch im „Goldenen Hirschen", aber den besten Ruf habe der „Goldene Ochsen" wegen seiner sauren Kutteln mit Bratkartoffeln.

Vor uns lag der steil ansteigende Kirchbuckelweg nach Wolfegg, dann betraten wir das Allgäu durch eines seiner unzähligen Tore. Die Tore sind Tag und Nacht geöffnet, kein Zoll. Hinter dem Tor hat man einen herrlichen Blick auf den Alpenkamm, die ondulierte Drumlinlandschaft und die geföhnten Moränen, wie meine Friseurin immer sagt. Dieser Wechsel von Hügel und Tal ist ganz typisch für das Allgäu. Das Nebeneinander und Hintereinander von Hügeln und Tälern müssen Sie sich so vorstellen: Zwischen zwei Hügeln liegt jeweils ein Tal, und zwischen zwei Tälern ein Hügel, dasselbe gilt auch für vorne und hinten und rundherum.

Und so wanderten wir gen Osten, immer rauf und runter, die Sonne schien, der Föhn blies und die Alpen rückten näher. Wir warfen einen Blick auf die Schweizer Berge, dann einen zweiten hinterher, ließen beide in der Ferne schweifen, über Bayern ruhen und dann weiter über Österreich wandern. Ob all der Schönheit hüpfte uns das Herz – so hatte es auch etwas Bewegung.

Fotos konnten wir keine machen, ich hatte den Apparat beim feuchten Abschied auf dem Gartetürle liegen lassen.

Das Gschmäckle schien wie weggeblasen, wie vom Föhne verweht.

Unten an der Achbrücke, so gegen zehn, genehmigte unser Anführer endlich eine Vesperpause. Beim Aufsammeln des Mülls sagte der Graf zum Kaschützke, er solle seine leere Brezlesguggel schon mal in der Hand behalten. Nun komme der Abschluss seines Sprachstudiums, dafür benötige man bekanntermaßen eine Guggel. Das Thema der Examensarbeit laute „Das kultivierte Gespräch mit dem oberschwäbischen Menschen."

Mit dem Großen Suevicum im Tornister darf der Kaschützke sich dann Gscheidle nennen, mit Aussicht auf Beförderung zum Obergscheidle.

Aber zuerst musste er durch die Examensmühle. Wir näherten uns prächtigen Doppelgaragen, der Balthases erklärte dem Kaschützke noch einmal den Ablauf, da tauchte auch schon hinter den Garagen das zugehörige Häusle auf. Der Hausherr wusch das Auto, die Frau putzte die Fenster im ersten Stock, die Kinder spielten mit dem Hund, ideale Voraussetzungen für ein interaktives Gespräch, wie der Graf noch anmerkte. Der Kaschützke erhielt letzte Anweisungen und einen letzten Schluck: „Dräng dich nicht auf, du wirst zuverlässig angesprochen, sag zunächst mal gar nichts."

Da hatten die Herren Recht. „Grüß Gott" sagen Fremde zu Fremden heutzutage nur noch in den Bergen, und dort erst über fünfzehnhundert Meter, Tendenz steigend.

Der Kaschützke näherte sich also hälinga dem Haus.

„Good luck", flüsterte der Graf noch, der Prüfling duckte sich hinter einen Boschen und schmiss die geknüllte Guggel in den Vorgarten auf das gmähte Wiesle.

Die Guggel rollte – rien ne va plus!

Der Hausherr unterbrach die Autowäsche, die Frau das Fensterputzen und ihre Rede – es herrschte atemlose Stille, jäh unterbrochen vom scheppernden Aufprall des Putzeimers, die Brühe ergoss sich über den Hund, die Kinder blieben unverletzt.

Tatsächlich wurde der Kaschützke nun angesprochen und begann schulbuchmäßig mit dem Buchstaben i und einem Fragezeichen:

„I?"

Der Häuslesbesitzer war außer sich und kaum zu verstehen.

„Nia!", antwortete der Kaschützke – bravourös –, und weiter:

„Ha no!"

„A wah!"

„Ha noi!"

„Saget Se bloß?"

„Moinet Se?" Furchtlos wie ein wackrer Schwabe!

„Ha etz kommet Se!"

„Etz looset Se mol!"

„Gugget Se, dia do diba: Sui und dr Sell und dr Seb!"

„Grad eba!"

„Sehet Se!"

„Scho recht, Herr Nachbar!"

Unser Stammtischbruder hat das Examen mit einer glatten Eins bestanden. Er trifft den rechten Ton. Er hat die natürliche Gabe, die Herzen der einfachen Menschen zu öffnen, das hatte sich schon am Stammtisch gezeigt.

Der Ortfriede und der Gräfin geht der feine Humor ab. Die Damen regten sich furchtbar auf – „dia alte Kamel" sollten sich schämen, den fleißigen Leuten das ganze Wochenende zu versauen. Der nasse Hund wollte mit dem Kaschützke spielen, aber die Karawane zog weiter, immer an den Ufern der Ach entlang.

Nach gefühlten drei Tagesmärschen machte sich Unruhe unter den Kamelen breit. Wie weit es denn noch sei, wurde der Anführer gefragt, aber der hatte keine Karte dabei, und gerade noch rechtzeitig vor Ausbruch einer Meuterei gab er den Befehl zum Absitzen. Ein kalter Schiebling mit Senf wirkte besänftigend auf die Nerven und in der wohlverdienten Pause am schattigen Ufer ließ ich meine Gedanken plätschern und mäandern, wie die Ach.

Der Schwabe ist bekanntlich ein Grübler und Eigenbrötler, das hat er gemeinsam mit dem Angler. Und jetzt stellen Sie sich einen in Gottes freier Natur angelnden Schwaben vor, was glauben Sie, was der so den lieben langen Tag denkt und grübelt und brötelt. Einsam und alleine sitzt er am Ufer des Flusses auf einem Baumstumpf und blickt tiefsinnig ins Wasser, und das Wasser strömt dahin wie die Zeit, alles ist im Fluss – außer Karpfen und Hecht, aber die hat es im Hasenweiher. Und das Wasser fließt aus dem Hasenweiher und fließt und fließt, bis in den großen Ozean fließt des Hasenweihers Wasser. In den Weiten des Ozeans verdunstet das Wasser und steigt gen Himmel. Die Wolken ziehen und ziehen am Himmel und bringen das Wasser zurück in den Hasenweiher, und so schließt sich im Hasenweiher der ewige Kreislauf der Natur. Wenn's regnet!

Der Hasenweiher war jetzt natürlich nur ein Beispiel, aber das haben Sie schon verstanden, gell!

Und wie sich der Wurm am Haken krümmt und ins abgrundtiefe Wasser sinkt, so versinkt auch der Angler in seinen bleischweren und tiefgründigen Gedanken und hockt gekrümmt am Ufer und widmet sich den wirklich allerletzten Fragen. Je klarer das Wasser, desto trüber werden seine Gedanken, weil halt nichts beißt bei klarem Wasser. Schutzlos ist der Angler den Unbilden und Bilden der launischen Natur ausgesetzt, der sengenden Sonne und dem brausenden Sturm und dem peitschenden Regen. So ist der Angler auch nur ein Wurm am Haken des Schicksals!

Bis es beißt! Wenn's beißt, ist der Angler besser dran als der Wurm!

Und wie ich so dahin philosophierte, da tauchte das Gschmäckle wieder auf. Nach meinem Empfinden war es stärker geworden, wir näherten uns also dem Geheimnis.

Der Graf sagte, seine Philosophie ginge neuerdings mehr weg vom Wurm, so in Richtung Käseköder, aber was den großen, gedanklichen Wurf angehe, sei er völlig d'accord mit mir.

„Auf diese allerletzten Gedanken kommt die Frau nie", sagte der Balthases, „damit beschäftigen sich nur freie Männer in freier Natur. Habt ihr schon mal eine Frau fischen gesehen?"

Da fängt doch der Graf das Singen an: „Die Fischerin vom Bodensee ..."

„... ist eine schöne Maid, juchhe!" Das war der Kaschützke, der ist zur See gefahren und kennt sich aus im maritimen Liedgut.

Man solle sich das einmal vorstellen, meinte der Graf: „Ein weißer Schwan ziehet den Kahn ..."

„Mein lieber Schwan", sagte der Balthases, „da lachen sich die Felchen kaputt, die toten Fische kann die Dame dann vom Boot aus einsammeln."

Der Kaschützke zitierte laut den alten Seefahrerspruch von „de Unnerröck an Bord". „Apropos Singen und Fischen", fiel ihm der Graf ins Wort, „die Ruhe bringt den Erfolg, absolute Ruhe."

„Schweigen muss man eben können", übertönte ihn der Balthases, „wieder und wieder sage ich zu meiner Frau: Schweigen muss man können – gar nicht oft genug kann ich das sagen."

Die Frauen hatten wir aus den Augen verloren, das Thema hätte die sicher brennend interessiert!

Auch das Gschmäckle hatte sich schon wieder verduftet.

Die Ortfriede war immer noch grätig wegen der Guggel: Wir Ignoranten trampelten durch die Gegend, kein Auge für Kunst und Kultur unserer Heimat, kein Ohr für den Wohlklang der Natur, das Rauschen der Tannen – „der Fichten", korrigierte sie der Graf –, das Murmeln der Bäche, halt nichts als Bier im Kopf. Bevor wir noch den Mund aufmachen konnten, öffnete sich hinter einem Hohlweg die Landschaft und die oberschwäbische Barockstraße lag in all ihrer Pracht vor uns. Von den nahe gelegenen Weilern wehte der Wind zarte Klänge herüber. Es herrschte wenig Verkehr, und so wanderten wir Glücklichen gemächlich über die Straße der Putten, genossen auf Schritt und Tritt das überschwängliche Lebensgefühl des Barock und ließen dessen Sinnlichkeit auf uns wirken. Auf unserem Weg über die Barockstraße begleitete uns die vielstimmige Klangwelt des ländlichen Raumes, das Allegro furioso der Rasenmäher, das Vibrato der Motorsägen und das Staccato der Balkenmäher. Viel zu früh endete die herrliche Kunst- und Musikwanderung, wir hatten die andere Straßenseite erreicht. Auf dem Weg ins Bustenmoos schmeichelte noch lange der wehmütig an- und abschwellende Gesang der Kreis- und Bandsägen unseren Ohren, aber Bier hatten wir keines mehr, da hatte die Ortfriede Unrecht!

Unser Gschmäckle war zurück und übernahm die Führung.

Beim Abstieg ins Tal querten wir wieder den Fluss und der Balthases führte uns durch den Reisschlag seines Vaters, Sie erinnern sich: der alte Hippolyt. Aus dem Reisschlag holte sich der Hippolyt das Brennholz für den Kachelofen. Fällen, Entrinden, Sägen, am Feierabend, am Wochenende, halt immer, wenn er Zeit für rechte Arbeit hatte, im Urlaub sowieso. Drei Hektar gespaltenen Wald hatte der immer ums Haus, der alte Hippolyt war halt ein Schaffer. Alle vier Wochen haute ihn ein Hexenschuss aufs Kanapee, dann hatte er es wieder mal im Kreuz und im linken Knie, und Rheuma und Ischias und was weiß ich. Die Arbeit in freier Natur sei gesund, sagte er immer, er brauche die himmlische Ruhe im Wald. Nebenbei hat er noch zwei Häusle gebaut, der war halt ein rechter Wueler.

Sie wissen nicht, was ein Wueler ist? Der Wueler ist in Oberschwaben beheimatet, das ist ein verdrucktes Lebewesen. Die Leute sagen halt „Wueler", wissenschaftlich handelt es sich dabei um den Fundator Domicilii Vulgaris, den Gemeinen Häusles-Bauer. Er siedelt gern an den Hängen der Moränen-

hügel und ist tagsüber in freier Wildbahn schwer zu beobachten. Die emsige Gattung war lange Zeit auf der Roten Liste der gefährdeten Arten. Der scheue Wueler ist tag- und nachtaktiv, vor dem ersten Tageslicht verlässt er seinen Bau zur Nahrungssuche, in der abendlichen Dämmerung kehrt er mit seiner Beute zurück und errichtet im Familienverbund rastlos weitere Bauten. Und so ist das ganze Allgäu zersiedelt und unterhöhlt. Der Fundator Domicilii hält keinen Winterschlaf und hat er seinen letzten Bau vollendet, nimmt er die Schaufel, begräbt sich selber und wuelet beim lieben Gott jenseitsmäßig weiter.

Mittlerweile waren wir vom Reisschlag querfeldein wieder in schattigen Forst gelangt. Die Ortfriede und die Frau Graf stimmten in den Gesang der Vöglein ein, von Waldeslust und einsamer Brust. Wir lauschten den verhallenden Klängen, da tauchte aus dem Dunkel des Tanns eine schnaubende Meute auf, der wilde Heerhaufe wälzte sich auf uns zu, drohend die Stöcke schwingend. Wir wollten nicht zerstampft und von den Speeren aufgespießt werden und sprangen in heillosem Entsetzen links und rechts in die Gräben.

Das waren Zweistockmenschen, wie die Ethnologen sagen. Wer sich den Zweistockmenschen in den Weg stellt, wird gnadenlos niedergetrampelt und ist dann ihren spitzen Stöcken wehrlos ausgesetzt. Die unschuldigen Opfer einer solchen Attacke sind an ihren schrecklich zerstochenen Gesichtern zu erkennen.

Die Horde hetzte mit verzerrten Gesichtern an uns vorbei, wir glaubten schon den Spuk in der Staubwolke entschwunden, da näherte sich von hinterrücks ein zweiter Pulk. Zutiefst verstört wagten wir uns erst nach einer Stunde wieder aus dem Sumpf heraus.

Das Gefährliche an diesen naturbelassenen Wald- und Feldwegen ist, dass man die heranstürmenden Rotten der Zweistockmenschen nicht rechtzeitig hört. Gott sei Dank werden immer mehr Feld- und Waldwege vorsorglich asphaltiert – Klick-Klack, tönt's aus dem Wald und auf der Heide. So hat der rein fußläufige Mensch eine – wenn auch geringe – Chance, rechtzeitig Reißaus zu nehmen.

Nach der überstandenen Gefahr setzten wir uns erschöpft auf einen Fichtenstamm am Waldrand. Wie durch ein Wunder hatten wir überlebt. Die Ortfriede erzählte uns von einem wirklichen Wunder, sie war vor vielen Jahren auf dem Jakobusweg gepilgert.

„In der alten Bischofstadt Burgos", erzählte die Ortfriede, „vor der gotischen Kathedrale, da steht eine Bank. Auf der hat sich ein müder Wallfahrer niedergelassen, sein Kinn ist auf die Brust gesunken, die Beine sind ihm schwer, der fromme Mann kommt aus der Metallgießerei. Am langen Pilgerstab des Gusseisernen baumelt eine Kalebasse. Ihr habt richtig gehört: An seinem Pilgerstab! Einzahl! Unser erschöpfter Pilger hält in der Linken einen gotzigen Wanderstab, einen primitiven Stock, ohne Griff- und Schlaufensystem, bar jeglicher Längenverstellung – von Segnungen wie Asphalt-Pads und Schutzgummikappen wusste der schlichte Wallfahrer ja auch noch nichts. Könnt Ihr euch vorstellen, wie der gläubige Mann bis nach Burgos gekommen ist, mit nur einem einzigen, ungefederten Stecken? Ich sag's euch: Ein Wunder!" rief die Ortfriede. „Der heilige Jakobus hatte ein Wunder getan! Aber das durfte er nicht zu oft machen, sonst wären es ja keine Wunder mehr gewesen. Zufolge der ausbleibenden Wunder musste sich die Evolution der Sache annehmen und hat den Zweistockmenschen geschaffen."

„Ja", mischte sich der Balthases ein, „das null- und einstockige Gehen war eine Sackgasse in der Entwicklung des Menschen. Man sieht ja, wie weit es der Ötzi mit seinem unergonomischen Holzstecken gebracht hat – wir verstockten Einstockigen werden der natürlichen Auslese zum Opfer fallen und aussterben."

„Mit einem Stab, schneller ins Grab", reimte die Ortfriede und beendete damit ihren Vortrag über das Wunder von Burgos.

Er neige eher zu Nordic drinking, sagte der Graf.

„Schluckspecht!" sagte die Gräfin und fragte über einen Gartenzaun hinweg nach den Quellen der Ach.

„Immer der Nase nach", sagte die Bäuerin, „ins Bustenmoos."

Wir wurden hungrig beim Anblick der satten Löwenzahnwiesen und weideten uns am Anblick der glücklichen Kühe, da fragte die Gräfin, ob wir eine Ahnung hätten, wo die kräftige Allgäuer Milch herkomme. Natürlich hatten wir wie immer keinen blassen Schimmer.

„Passt auf, ihr Biertrinker, die Milch kommt vom Löwenzahn", erläuterte die Gräfin, „der milchhaltige Löwenzahn (Taraxacum officinale) wird drum auch Kuhblume genannt, oder Milchling."

„Auch Pusteblume, Krottenblume und Milchzahn", mischte sich der Balthases ein.

Die Gräfin ist vom Hof Krattenweiler und hat in ihrer Jugend einen Hohenheimer poussiert, aber das weiß nur der Graf nicht.

„Also das geht so: Löwenzahn und Milch werden im Maul der Kuh zerkaut, …"

„Zahn um Zahn!" Das war die Ortfriede.

…die Masse rutscht dann vom Maul in die Kutteln, …"

„Die schmecken am besten mit Bratkartoffeln", unterbricht sie ihr Ehemann.

„… und aus den Kutteln wandern der Löwenzahn und die Milch wieder zurück ins Maul."

Der Kaschützke wollte wissen, ob das der berühmte Ochsenmaulsalat sei.

Die Gräfin wird langsam ungnädig: „Der wiedergekäute Löwenzahn und die Milch wandern erneut in die Kutteln und die Kuh in den Stall. Dort trennt der Landmann die Kuh maschinell von der Milch und der Rest kommt auf die Wiese zurück, und dann schmeckt die Löwenzahnwiese wie beim Schneiderbennes von Ampfelbronn, verstanden?"

Der Graf fand, der Löwenzahn schmecke besser mit gebratenem Bauchspeck.

„Die Allgäuer Milch entstammt somit der Symbiose von Löwenzahn und Rindvieh", erläuterte die Gräfin, „und in schlechten Zeiten haben wir Kaffeeersatz aus den Löwenzahnwurzeln gemacht."

„Milchkaffee", bestätigte der Graf.

Die Gräfin beendete den wissenschaftlichen Vortrag: „Das ist wie Perlen vor die Ochsen geworfen."

Auf der Ochsentour näherten wir uns kurz danach respektvoll dem Wallfahrtsort vom Bimmlings, Sie erinnern sich, unser Mann aus dem Schussental. Unweit Fischreute ragt das vier Meter hohe Wackersteindenkmal in den Allgäuer Himmel, und darauf steht: „Hier landete am 17. Januar 1906 in Sturm und Not der Bezwinger der Lüfte Graf Zeppelin." Von Friedrichshafen aus war der Graf mit seinem Fluggerät gestartet, über das westliche Tor in Amtzell in das Allgäu gefahren, über Allewinden und Sausenwind gab es schon kräftigen Gegenwind – nomen est omen. Bei Windhäusern und am Windhag aber wurde der Wind zum Sturm, und so versuchte der Graf das Luftschiff in der Ach zu wassern. Das konnte nicht gut gehen, bei Fischreute ist die Wolfegger Ach noch nicht schiffbar, die ist dort höchstens drei Meter breit, und das Schiff sei über zwei Kilometer lang gewesen, berichteten erfahrene Angler – und die müssen es ja wissen. Derweil die Schiffbrüchigen und seine Erlaucht auf Landgang waren, drangen Allgäuer Landratten auf das sinkende Schiff vor und schraubten alles ab, was nicht vernietet und vernagelt war. Es bestand die Gefahr, dass nicht der Sturm, sondern die Allgäuer das Schiff ums Nummgucka abgewrackt haben würden. Der Graf forderte in seiner Not – von der wohl auf dem Denkmal die Rede ist – Soldaten aus der Stadt Weingarten an, aus dem Schussental. Die Lüfte meinte er wohl verzwingen zu können, aber halt die Allgäuer nicht. Vierunddreißig Soldaten sind dann angerückt und haben die Andenkenjäger vertrieben.

„Das sollte den Allgäuern zu denken geben", sagt der Bimmlings immer beim Stammtisch „dass vierunddreißig Soldaten aus dem Schussental genügen, um sie alle in die Flucht zu jagen!"

Nach einem Fußbad in der Ach wurden die Träger erneut beladen und fast klaglos zog die Kolonne weiter. Das Geschmäckle hing wie eine schwarze Gewitterwolke über dem Bustenmoos – das Abenteuer spitzte sich langsam zu. Hinter Waffenried ändert die Wolfegger Ach ihren Namen, da heißt sie Immenrieder Ach, aber es ist dasselbe Wasser, die Stunde der Entscheidung nahte, der Tag ging zur Neige.

Währenddessen aber war der Bimmlings mit dem Fahrrad im Allgäu unterwegs – schieben, sauen lassen, schieben, sauen lassen – immer auf der Suche nach der Expedition. Die Nachbarn hatten ihn alarmiert, die Forschungsreisenden seien ohne Foto unterwegs, ohne Bilddokumentation seien die wissenschaftlichen Erkenntnisse sicher völlig wertlos. Er habe sich gesagt, erzählte er später, am einfachsten klapperst du alle Wirtschaften ab, eine nach der anderen. Denn entweder wir seien tatsächlich grad dort, oder grad dort gewesen, oder würden gleich dort eintreffen. Der hat Ideen!

Mit Hilfe der Gelben Seiten und des Fahrrädles sei er zuerst mal in die Zoologie, und habe mit den „Adlern" begonnen, danach kamen die „Bären", „Hasen", „Hirsche" und „Löwen" – im „Schwanen" habe er sich ein erstes Bier genehmigt, dann sei er vom „Storchen" zur Zenzi ins „Lamm" – eine rechte Viecherei sei es gewesen. Dann sei er in die Ägäis, von der „Akropolis" bis nach „San Remo" an die Côte d'Azur. Vom Mariele im „Kreuz" habe er ein Weihwässerle bekommen, vor dem „Himmel" einen Platten und in der „Höllwirtschaft" eine

Halbe. In der „Kapelle" sei er sich dann schon sicher gewesen, uns niemals wieder nüchtern zu sehen. Nach dem „Wilden Mann" habe er es dann mit der „Eintracht" versucht und der „Frohen Einkehr" – das „Paradies" werde übrigens grad renoviert. Nach dem „Frohsinn" habe er es dann sauen lassen, und so sei er nach dem „Scharfen Eck" und einer langen Durststrecke schließlich in der „Harmonie" gelandet.

Wir näherten uns unterdessen Immenried, es war bereits dämmrig geworden und die Nebel zogen über die Fiebersümpfe, wie der Kaschützke mahnend zu bedenken gab. Der schlug doch allen Ernstes vor, das Unternehmen für heute abzublasen und sich im Gasthof „Zum Hirschen" von den Strapazen zu erholen. Das Gschmäckle laufe nicht davon, und nächsten Samstag sei auch noch ein Tag. Das komme gar nicht infrage, empörten sich der Graf und der Balthases, das Geheimnis werde heute gelüftet oder nie. Die Ortfriede schloss sich der Warnung ihres Ehemanns an, hier in der Gegend sei schon mancher des Nachts versumpft und erst nach einigen Tagen oder Nächten wieder aufgetaucht, sie kenne da einen. Die zwei ließen sich auch durch mich nicht zurückhalten.

„Und wenn wir als Moorleichen viertausend Jahre später wieder auftauchen – ihr Drückeberger könnt ja schon mal einen Gartentisch belegen."

Nach zwei Stunden kamen sie zurück, gebeugt, aber in gehobener Stimmung. Schon von weitem konnten wir sie hören: „Es zogen zwei Burschen wohl über die Ach …"
Die Herren mussten Schreckliches durchgemacht haben, patschnass, die Haare voller Tannennadeln und Moos, dem Graf fehlte ein Schuh, dem Balthases der andere. So nach und nach wurden sie ansprechbar und konnten berichten.
„Wir sind an der Ach entlang in den Wald, und je später es wurde", erzählten sie, „desto dunkler. Angebrannt hat es gerochen, nach altem Fett, und wir glaubten schon, das sei das Ge-

heimnis. Wir hätten uns hoffnungslos verlaufen, aber da war so ein Irrlicht über dem Weiher und das Moorleuchten hat uns gerettet."

„Ihr werdet es nicht glauben", sagte der Graf, „aber das flackernde Licht, das war die Kreisfischereiverein-Vereinshütte – der Himmel hatte uns die Hütte gesandt! Die Kreisfischereivereinskameraden haben am Samstag immer Grillabend, die leisteten sofort Erste Hilfe.

„Dem Himmel sei Dank!", seufzte die Gräfin.

„Danach wollten wir endlich ins Bustenmoos zur Lüftung aufbrechen, aber die Zweite Hilfe konnten wir ja schlecht ablehnen – was hättet ihr denn gemacht, ihr Helden?" fragte der Graf.

Wir hatten doch gar nichts gesagt! Atemlos folgten wir den Worten vom Balthases: „Inzwischen war der Mond aufgegangen und ohne noch länger zu fackeln, haben wir noch ein Bier getrunken. Dann sind wir in den Bach gestiegen und so lange gegen die Strömung gewatet, bis nichts mehr lief. Jetzt haltet die Luft an: Wir waren am Ursprung der Ach, am Brunnenweiher. Vor uns lag das Geheimnis, im Dunkeln! Nun kam es drauf an! Mit aller Kraft haben wir es aufgedeckt und gelüftet. Wie die Ochsen haben wir geschuftet! Aber jetzt ist es ein offenes Geheimnis."

„Ein offenes Geheimnis", fasste der Graf zusammen, „das kriegt kein Gschmäckle mehr!"

„Wie im richtigen Leben!" ergänzte der Balthases, und berichtete weiter: „Auf dem Rückmarsch bin ich bei der Vereinshütte aus Versehen vom Anglersteg gefallen." „Ins Wasser", ergänzte der Graf. Er habe sofort versucht, den Balthases zu retten, aber ohne Erfolg, der sei halt doch der bessere Schwimmer. Leider konnten sie kein Bild von der eigentlichen Lüftung machen. So ein Foto wäre für die internationale Geografenwelt von großem Interesse gewesen, aber wir haben ja nun den mündlichen Bericht und die Kameraden aus der Kreisfischereiverein-Vereinshütte bezeugen ja auch alles.

Den zuverlässigsten Beweis haben Sie allerdings selber in der Hand: Halten Sie mal Ihre Nase aus dem Fenster! Sehen Sie: Die Luft ist rein – der Balthases und der Graf haben saubere Arbeit geleistet.

Nachdem die zwei von außen getrocknet waren, tagte die Forschungsgruppe bis tief in die Nacht, nun endlich in frischer Luft! Nach einem kurzen Rückblick über die vergangenen 17.000 Jahre wurden neue Ziele abgesteckt. Vom Erfolg der Expedition beflügelt, vereinbarten die Damen und Herren Forscher eine Entdeckungsreise zu den Quellen des Nils, ersatzweise zum Hasenbach. In einer bewegenden Feierstunde verlieh die „Große Allgäuer Gesellschaft zur Lüftung des Geheimnisses der Quellen der Wolfegger Ach" dem Grafen und dem Balthases für ihre Verdienste um die Reinheit der oberschwäbischen Luft je ein Rindsmedaillon an Bandnudeln.

Die Ortfriede und die Gräfin bewältigten gerade einen Drumlin Wurstsalat, der Kaschützke saß hinter einer Endmoräne von Ochsenmaulsalat – ich hatte sauren Käs mit Zwiebeln, weil ich auf meine Linie achten muss –, da tauchte aus dem Mondlicht der Bimmlings auf, sein Fahrrädle vor sich her schiebend und den Foto um den Hals – ziemlich angeschlagen von der Durchquerung des Allgäus.
„Dr Bimmlings, I presume", sagte der Graf.
Seit jenem Samstagabend weht ein frischer Wind durch Oberschwaben, die Menschen können wieder aufatmen – außer freitags, wegen dem Schneiderbennes von Ampfelbronn –, die Heilklimatischen Luftkurorte schießen wie die Pilze aus dem Boden und aus den Moorbädern sprudelt der Wohlstand.
Erzählen Sie es bitte weiter: All ihren Reichtum haben die Oberschwaben und die Allgäuer dem mutigen und selbstlosen Stammtisch vom „Grünen Baum" in Witschwende zu verdanken – immer mittwochs im Spiegelsaal.

Nachweis und Dank

Nachstehende Arbeiten wurden bereits in Anthologien veröffentlicht; Dank an die Verlage:

- „Saure Bohnen und tausendundein Spätzla", Jahrbuch 2007
- „Des Hasen letzte Weihnacht im Moor", Weihnachtsgeschichten für Erwachsene 2007
- „Das Erbe des Flohzirkusbesitzers", Jahrbuch 2009, Mohland Verlag D. Peters Nachf. Goldebek

- „Die siebenerlei Leut' von Röthenbronn", Zweiter Preis, Schwäbischer Literaturpreis 2012
- „Das Geheimnis der Achquellen", Anthologie Schwäbischer Literaturpreis 2007, Wißner Verlag Augsburg

- „Die Geschichte vom gescheiterten Verlöbnis der Stadt Ravensburg"/„Warum in die Ferne schweifen", Anthologie „Auf Augenhöhe" 2009, Signatur e.V. Tettnang

In den Ravensburger „Altstadtaspekten 2009" veröffentlichte der Autor aus gegebenem Anlass die Geschichte „Wie die Butzenburger ein Schloss bauen wollten". Aus Butzenburg wurde Mucksenburg, da es den Namen Butzenburg tatsächlich gibt, was der Autor nicht wusste. Ähnlichkeiten mit der schönen Stadt Ravensburg sind offensichtlich.